Instrumente des Personalcontrolling

von

Hakan Karabulut

Tectum Verlag
Marburg 2004

Karabulut, Hakan:
Instrumente des Personalcontrolling
/ von Hakan Karabulut
- Marburg : Tectum Verlag, 2004
ISBN 978-3-8288-8674-2

Tectum Verlag
Marburg 2004

INHALTSVERZEICHNIS

1. Einleitung

Die Personalwirtschaft hat sich von einer administrativen Funktion, deren Aufgaben hauptsächlich die Verwaltung von Personalakten und die Lohn- und Gehaltsabrechnung waren, zu einer Führungsfunktion entwickelt, die u.a. die Personalplanung, die Personalentwicklung und die Personalbetreuung beinhaltet. Im Personalbereich hat sich also ein Wandel weg von den quantitativen Verwaltungsaufgaben hin zu qualitativen Gestaltungsaufgaben vollzogen (Wunderer/Schlagenhaufer 1994, S. 3ff.). Eine empirische Umfrage von Metz ergab, dass die Personalplanung und die Bereitstellung von Personalinformationen zu immer wichtigeren Tätigkeitsfeldern der Personalwirtschaft werden (Metz 1995, S. 123). Diese Entwicklung zu einem höheren Stellenwert des Personals und der Personalwirtschaft aber auch gesamtwirtschaftliche Entwicklungen wie z.b. der volkswirtschaftliche Trend zum tertiären Wirtschaftssektor und somit zu einem weiteren Anstieg von Dienstleistungsunternehmen, läßt das Augenmerk der Unternehmensleitung auf den hohen Personalkosten- und Personalzusatzkostenblock (ca. 20 % - 30 % vom Umsatz) richten. Hinzu kommt, dass durch die Harmonisierung des Europäischen Wirtschafts- und Währungsraumes und die Globalisierung ein erhöhter Wettbewerbsdruck für die Unternehmen entsteht. Besonders in Zeiten konjunktureller Stagnation oder Rezession, ist es für die einzelnen Unternehmen wichtig, ihren Rohertrag durch Optimierung der Maßnahmen und Prozesse zu sichern. Deswegen ist es notwendig, eine ökonomische und zielorientierte Evaluation und Steuerung personalwirtschaftlicher Maßnahmen und Prozesse durchzuführen. Diese ökonomische Betrachtungsweise der Personalwirtschaft ist Aufgabe des Personalcontrolling. Durch den Einsatz von Personalcontrolling Instrumenten sollen sowohl ökonomische Größen (wie Rentabilität, Effizienz oder Effektivität) als auch die sozialen Folgen personalpolitischer Entscheidungen (wie Motivation, Arbeitszufriedenheit oder Loyalität) bewertet und gesteuert werden.

Diese Diplomarbeit befaßt sich mit den Methoden und Instrumenten des Personalcontrolling. Dabei soll untersucht werden, ob und in welcher Hinsicht die jeweiligen Personalcontrolling Instrumente geeignet sind, zu einer (langfristigen) Steigerung des Unternehmenserfolges beizutragen. Nach aktuellem Forschungsstand besteht eine Diskrepanz zwischen zahlreichen theoretischen Veröffentlichungen zum Personalcontrolling und deren Einsatz in der Praxis (Metz 1995, S. 2). Viele verantwortliche des Unternehmens sind zwar von der Idee des Personalcontrollings begeistert haben aber meist nur vage Vorstellungen von diesem Thema oder scheuen aus anderen Gründen deren Einführung (Huber 1998, S. 228).

Das Ziel dieser Diplomarbeit ist es, wesentliche Instrumente des Personalcontrolling strukturiert darzustellen, zu überprüfen ob diese einen positiven Beitrag zum Erfolg des Unternehmens leisten können und somit Abneigungen oder Zweifel (gegenüber dem Personalcontrolling) abzubauen. Als Methode dieser Arbeit wurde die aktuelle Forschungsliteratur (Bücher und Fachzeitschriften) verwendet.

Der Aufbau der Arbeit erfolgt vom Allgemeinen zum Speziellen. Zuerst werden kurz die Grundlagen der Personalwirtschaft und des Controllings skizziert (Kapitel 2). Darauf aufbauend werden in Kapitel 3 anhand der aktuellen Forschungsliteratur Wesen, Ziele, Aufgaben und verschiedene Gestaltungsformen des Personalcontrolling dem Leser näher gebracht. Hierbei liegt ein besonderes Augenmerk auf den Aufgaben des Personalcontrolling von denen sich die Instrumente ableiten. Im Hauptteil der Arbeit (Kapitel 4) werden verschiedene Instrumente systematisch und strukturiert dargestellt. Unter dem Begriff Instrumente lassen sich alle Methoden, Verfahren und Techniken zusammenfassen, die zur Erfüllung von Personalcontrolling Aufgaben eingesetzt werden können (Hentze/Kammel 1993, S. 67). Dabei erfolgt jeweils nach der Begriffsbestimmung die Erläuterung des theoretischen Konzepts. Basierend auf dieser Erläuterung wird ein kurzes Anwendungsbeispiel aus der Praxis dargestellt. Zu den Praxisbeispielen ist zu sagen, dass diese in der Literatur leider sehr allgemein gehalten sind. Danach werden Vorteile und Nachteile gegenübergestellt. Abschliessend erfolgt ein Fazit für jedes Instrument, in dem die Hypothese dieser Arbeit überprüft wird. Können also die einzelnen Personalcontrolling Instrumente zu einer Steigerung des Unternehmenserfolges beitragen ? Diese Frage soll im Folgenden behandelt werden.

2. Grundlagen

2.1 Personalwirtschaft

Die Personalwirtschaft hat sich als eigenständiger Funktionsbereich erst spät entwickelt. Bis in die fünfziger Jahre war der Personalbereich in die kaufmännische Verwaltung eingegliedert (DGfP 2001, S. 17). Erst in den letzten 50 Jahren hat es im Personalbereich einen Wandel weg von den quantitativen Verwaltungsaufgaben hin zu mehr qualitativen Gestaltungsaufgaben gegeben (Wunderer 1994, S.3 ff). Als Gründe für diese Entwicklung kann man u.a. die gesellschaftlichen Veränderungen wie die zahlreichen arbeits- und sozialrechtlichen Bestimmungen (Humanisierung der Arbeitsplätze), Abbau von Hierarchien, gesteigerte Anforderungen an die Qualifikation von Mitarbeitern oder aber auch technologische Veränderungen nennen.

Arbeit, Betriebsmittel und Werkstoffe sind die drei Produktionsfaktoren, die zur Herstellung eines Produktes benötigt werden (Wöhe 1993, S. 93).

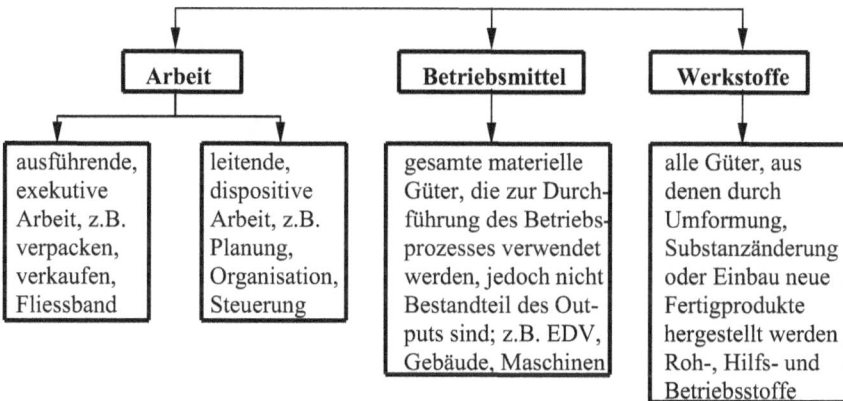

Arbeit		Betriebsmittel	Werkstoffe
ausführende, exekutive Arbeit, z.B. verpacken, verkaufen, Fliessband	leitende, dispositive Arbeit, z.B. Planung, Organisation, Steuerung	gesamte materielle Güter, die zur Durchführung des Betriebsprozesses verwendet werden, jedoch nicht Bestandteil des Outputs sind; z.B. EDV, Gebäude, Maschinen	alle Güter, aus denen durch Umformung, Substanzänderung oder Einbau neue Fertigprodukte hergestellt werden Roh-, Hilfs- und Betriebsstoffe

Abb. 2.1.1 Die betrieblichen Produktionsfaktoren
(Quellen: Wöhe 1993, S. 93ff; Bröckermann 2001, S. 23)

Dabei stellt Arbeit den wichtigsten Produktionsfaktor dar (auch wegen dem volkswirtschaftlichen Trend zum tertiären Sektor). Die Personalwirtschaft ist für den optimalen Einsatz von menschlicher Arbeitskraft im betrieblichen Leistungsprozess verantwortlich. Die konkreten Ziele der Personalwirtschaft leiten sich von den Unternehmenszielen ab. Allgemein kann man sagen, dass die Personalwirtschaft soziale, wirtschaftliche, rechtliche, organisatorische und volkswirtschaftliche Ziele verfolgt (Bröckermann 2001, S.24 ff.; Olfert/Steinbuch 1990, S.25 ff.). Rechtliches Ziel der Personalwirtschaft kann z.B. die Rechtssicherheit auf dem Gebiet des Arbeitsrechts sein, volkswirtschaftliches Ziel die

Vermeidung von Arbeitslosigkeit und organisatorisches Ziel z.B. der angemessene Einsatz der Mitarbeiter im organisatorischen Gefüge des Unternehmens. Die Verfolgung dieser Ziele ist aber nur von sekundärer Bedeutung. Primär stehen wirtschaftliche und soziale Ziele im Mittelpunkt der Personalwirtschaft.

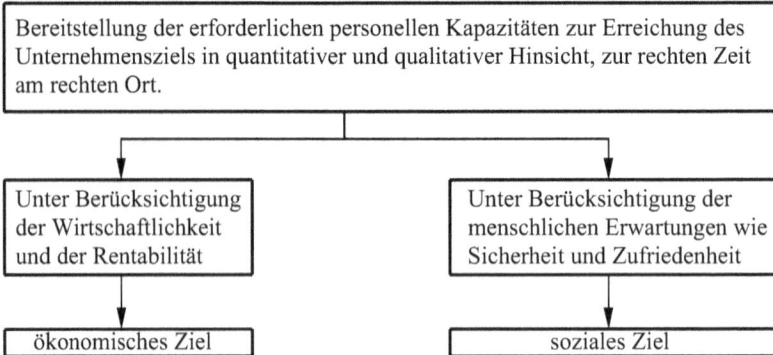

Bereitstellung der erforderlichen personellen Kapazitäten zur Erreichung des Unternehmensziels in quantitativer und qualitativer Hinsicht, zur rechten Zeit am rechten Ort.

Unter Berücksichtigung der Wirtschaftlichkeit und der Rentabilität	Unter Berücksichtigung der menschlichen Erwartungen wie Sicherheit und Zufriedenheit
ökonomisches Ziel	soziales Ziel

Abb. 2.1.2 Hauptziele der Personalwirtschaft
(Quellen: Bröckermann 2001, S. 23ff.; Olfert/Steinbuch 1990, S. 25ff.)

Die Ziele sind einerseits die Rentabilitätssteigerung und andererseits die Verbesserung der Qualität des Arbeitslebens. Das Verfolgen sowohl ökonomischer als auch sozialer Ziele kann bei vielen Personalentscheidungen zu einem Zielkonflikt führen, wenn diese Ziele kontraktär sind (Metz 1995, S.34).

Personalbeschaffung	Personalauswahl über interne (z.b. innerbetriebliche Stellenausschreibungen) oder externe Beschaffungswege (z.b. Stellenanzeigen)
Personalplanung	Individualplanung (z.b. Entwicklungsplanung) und Kollektivplanung (z.b. Personalbedarfsrechnung)
Personalentwicklung	Ausbildung, Weiterbildung oder Umschulung
Personalführung	Führungstechnik (z.b. Management by Objectives), Führungsmittel (z.b. Kommunikation)
Personalfreistellung	Vorwegnehmende (z.b. Einstellungsstop) und rückwirkende Freisetzung (z.b. Entlassung)
Personalbetreuung	Sozialmassnahmen (z.b. Zuschussgewährung) und Sozialeinrichtungen (z.b. Kantine)
Personalbeurteilung	Mit dem Zweck die Mitarbeiter zu fördern, das Entgelt zu ermitteln oder ein Zeugnis zu erarbeiten

Abb. 2.1.3 Aufgaben der Personalwirtschaft
(Quellen: Bröckermann 2001, S. 27ff; Olfert/Steinbuch 1990, S. 42ff)

Die Schwerpunkte der Aufgabenstellungen der betrieblichen Personalwirtschaft werden durch die Unternehmensziele bestimmt.

2.2 Controlling

Obwohl Controlling ein noch recht junges Wissenschaftsgebiet ist, liegen deren Ursprünge weit zurück. Sei es der Einsatz eines „Countrollours" im 15. Jahrhundert am britischen Königshof oder das Installieren eines „Comptrollers" im 18. Jahrhundert im amerikanischen Staatsdienst. Die Haupttätigkeitsfelder lagen in der Überwachung, Verwaltung und Kontrolle der Finanzen des Haushalts (Peemöller 1992, S. 41; Wimmer/Neuberger 1998, S. 479). Die erste Einrichtung einer Controlling-Stelle in einem Wirtschaftsunternehmen erfolgte 1880 in den Vereinigten Staaten, und zwar bei einer Eisenbahngesellschaft, die damals zu den Vorreitern der Industrialisierung gehörte (Horváth 2001, S. 28). Diese war überwiegend mit finanzwirtschaftlichen- und revisionstechnischen Aufgaben betraut. Als durch die Weltwirtschaftskrise (1929-1931) viele Unternehmen in finanzielle Schwierigkeiten gelangten, kristallisierte sich die Notwendigkeit von zukunftsorientierten (antizipativen) Instrumenten heraus. In deutschen Wirtschaftsunternehmen gelang der Durchbruch des Controlling erst in den 60er Jahren. Diese zeitliche Verschiebung zu den Vereinigten Staaten lag u.a. am dritten

11

Reich (und dem Zweiten Weltkrieg) und den darauf folgenden „Wirtschafts-
wunder" (ausgelöst durch die Wirtschaftsreformen Ludwig Erhards). In beiden
Zeitabschnitten gab es für die Unternehmen keinen Bedarf an vorausschauender
Planung.

Viele Laien setzen Controlling mit Kontrolle gleich. Dies ist aber falsch, da
Controlling gegenwarts- und zukunftsorientiert, Kontrolle aber vergangenheitsorientiert ist (Preißler 2000, S. 15).

In der Wissenschaft und in der Praxis hat sich eine einheitliche Definition des
Controlling Begriffs nicht durchgesetzt. Hentze und Kammel sehen als überein-
stimmende Merkmale aller Controlling Definitionen die ziel- und die zukunfts-
bezogenheit des Controlling, den Unterstützungscharakter (Beitrag zur Verbesserung der Unternehmenszielerreichung) durch Informationsversorgung (u.a. der
Entscheidungsträger) und Koordination (der verschiedenen Elemente untereinander) (Hentze u. Kammel 1993, S. 19 ff.). Preißler beschreibt Controlling als
das betriebswirtschaftliche Gewissen der Unternehmung (Preißler 2000, S. 31).
Wöhe sieht Controlling als eine Entscheidungshilfe durch zielorientierte Planung, Steuerung und Überwachung des Unternehmens in allen seinen Bereichen
(Wöhe 1993, S. 200). Horváth definiert Controlling wie folgt:

> „Controlling ist - funktional gesehen- dasjenige Subsystem der Füh-
> rung, das Planung und Kontrolle sowie Informationsversorgung sys-
> tembildend und systemkoppelnd ergebniszielorientiert koordiniert und
> so die Adaption und Koordination des Gesamtsystems unterstützt"
> (Horváth, 2001, S. 153).

Der Controller unterstützt mit seiner Arbeit die Unternehmensführung. Wesentliche Aufgabengebiete sind dabei Planung, Steuerung, Kontrolle, Information
und Koordination. Das Oberziel des Controlling ist es, die Unternehmensführung im Hinblick auf die Erreichung der Unternehmensziele durch Bereitstellung eines zielgerichteten Steuerungssystems zu unterstützen.

Man kann sich ein besseres Bild über das Controlling machen, wenn man sich
dessen Aufgabenfelder genauer ansieht.

Planung	Systematisch gedankliche Vorwegnahme zukünftigen Handelns. Festlegen von Zielen, Massnahmen, Mitteln und Wegen zur zukünftigen Zielerreichung. Durchführen von Unternehmensplänen (z.b. Absatzplan oder Investitionsplan)
Information	Systematische führungsrelevante Informationsbeschaffung, Informationsaufbereitung und Informationsbereitstellung
Kontrolle	Soll/Ist-Vergleich und Analyse von Abweichungen
Steuerung	Zukunftsgerichtete regulierende Funktion. Soll Unternehmen (bei Zielabweichung) durch Korrekturmassnahmen (Rückkopplung) zurück auf den „richtigen Weg" führen.
Koordination	Koordination der Einzelpläne zu einem Gesamtplan, abstimmen der einzelnen Controlling-Aufgaben untereinander

Abb. 2.2.1 Aufgaben des Controlling
(Quelle: Ziegenbein 2002, S. 23 ff.)

Die Controlling Aufgaben leiten sich von den Zielen des Unternehmens ab. Somit kann das Controlling nur funktionieren, wenn es sich an vorgegebene Ziele orientiert. Das Controlling verlangt von der Unternehmensleitung eine operationalisierte Zielformulierung nach Inhalt, Ausmass und Zeit (Preißler 2000, S. 26).

Regelkreise dienen der Stabilisierung und Optimierung von Prozessen. Dies wird an dem folgenden Controlling-Regelkreis dargestellt:

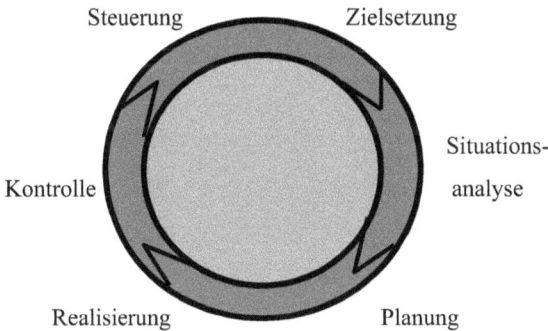

Abb. 2.2.2 Der Controlling-Regelkreis
(Quellen: Wimmer/Neuberger 1998, S. 484; Helms 1995, S. 54)
Aufgrund der gesetzten Ziele und der ermittelten Ist-Situation werden Maßnahmen (zur Erreichung der Ziele) geplant und durchgeführt. Nach der Realisierung

der Maßnahmen erfolgt durch einen Soll/Ist-Vergleich eine Kontrolle. Für die ermittelten Abweichungen werden Steuerungs- bzw. Regelungsmaßnahmen eingeleitet. Danach beginnt der Prozess von vorne (Rückkopplung zur Zielsetzung).

3. Personalcontrolling

3.1 Wesen des Personalcontolling

Der erste auf breite Akzeptanz stoßende Ansatz zum Thema Personalcontrolling wurde 1986 von Potthoff und Trescher veröffentlicht (Wunderer/Schlagenhaufer 1994, S. 15; Immenroth 2000, S. 13). Diese sahen Personalcontrolling als Planungs- und Steuerungskonzept und übertrugen somit das Gedankengut des klassischen Controlling auf den Personalbereich. Das klassische Controlling ist ursprünglich aus dem Finanzsektor eines Unternehmens entstanden (Kapitel 2.2). Die Notwendigkeit eines Controlling im Personalbereich wurde u.a. durch folgende Entwicklungen begünstigt:

⇨ Hohe und weiter ansteigende Personal- und Personalzusatzkosten führten bei der Entscheidung über die Verteilung der knappen betrieblichen Investitionsmittel zu einem zunehmenden ökonomischen Rechtfertigungsdruck (Metz 1995, S. 5; Hoyer 1991, S. 255).

⇨ Veränderungen in der Qualifikationsstruktur (Trend zu höheren Qualifikationen) und bei den Bedürfnissen und Werten der Mitarbeiter.

⇨ Der Trend zur Dezentralisierung der Personalarbeit macht die Informations- und Koordinationsfunktion erforderlich.

⇨ Veränderung der traditionellen Personalarbeit von administrativen Tätigkeiten zur Personalarbeit als Dienstleistung (Kapitel 2.1).

⇨ Globalisierung und Harmonisierung des europäischen Wirtschaftsraums führen zu einem höheren Wettbewerbsdruck.

⇨ Trend zu Fusionen von Unternehmen erfordern eine antizipative und qualitativ hochwertige Personalplanung.

⇨ Da die Umsätze der Unternehmen in wirtschaftlich schwierigen Zeiten entweder stagnieren oder sogar rückläufig sind, versucht man, die Gewinne durch Optimierung der Kosten zu erhöhen (oder zu erhalten). Die Materialkosten wurden weitesgehend optimiert, so dass der Augenmerk jetzt auf den „Kostenblock" Personal gerichtet ist.

Genau wie beim Controlling gibt es auch beim Personalcontrolling keine einheitliche Definition des Begriffs. Nachfolgend wird versucht, das Wesen des Personalcontrolling zu charakterisieren:

Das Personalcontrolling hat eine Beratungsfunktion, das die personalwirtschaftlichen Entscheidungsträger unterstützt (jedoch nicht selber entscheidet). Personalcontrolling soll dazu beitragen, Unternehmensziele, die im Zusammenhang mit der Ressource Personal stehen, besser zu erreichen. Hentze und Kammel definieren das Personalcontrolling-Konzept wie folgt:

> „Personalcontrolling stellt in funktionaler Sicht eine umfassende, systematisch-zielbezogene und integrale Konzeption zur proaktiven Gestaltung, Koordination und Weiterentwicklung personalwirtschaft-

licher Planungs-, Kontroll- und Informationsversorgungssysteme und zur Bereitstellung bedarfsgerecht aufbereiteter Informationen zwecks Sicherstellung der Realisierung der personalwirtschaftlichen Ziele dar" (Hentze u. Kammel 1993, S. 27).

Durch Einsatz von Controlling in der Personalwirtschaft soll das ökonomische Denken und Entscheiden in der Personalarbeit gefördert werden (Immenroth 2000, S. 15). Vor allem durch Evaluation und Steuerung ökonomischer Grössen wie z.b. Kosten, Wirtschaftlichkeit, Effektivität von Personalmassnahmen und Feststellung des Beitrags der Personalarbeit zum Unternehmenserfolg. Um die sozialen Folgen ökonomischer Entscheidungen abzuschätzen, analysiert Personalcontrolling Kriterien wie Motivation, Loyalität oder Arbeitszufriedenheit.

Das Betrachten von qualitativen Sachverhalten neben quantitativen Grössen ist ein wesentliches Merkmal des Personalcontrolling (Hoyer 1991, S. 256). Personalcontrolling ist eine modifizierte Übertragung eines aus dem Controlling bekannten Konzepts auf den Personalbereich. Die Modifikation berücksichtigt die Besonderheiten der Ressource Mensch und Problemstellungen bei dem Einsatz von Controlling im Personalbereich.

Erweiterungen	Eingrenzungen
soziale Qualifikationsbewertung	Daten (z.B. Datenschutz, Arbeitsrecht)
Entwicklungspotenziale	Erhebungsmethoden (z.B. wg. Anonymität)
Arbeitszufriedenheit	Datenauswertung (z.B. Persönlichkeitssphäre)
Leistungsmotivation	
soziale Folgen von Entscheidungen	
Arbeitssituation	
qualitative Datenanalyse	

Abb. 3.1.1 Besonderheiten des Personalcontrolling
(Quellen: Wunderer 1994, S. 17; Brandt 1992, S. 61)

Eingrenzungen für das Personalcontrolling entstehen v.a. durch Gesetze. Hierzu zählen u.a. datenschutzrechtliche Vorschriften, Mitbestimmungsrechte des Betriebsrates und Arbeitszeitregelungen (Hoyer 1991, S. 260ff).

3.2 Personalcontrolling-Ziele

Das Setzen von Personalcontrolling-Zielen kann als Existenzberechtigung des Personalcontrolling dienen, da bei Erfüllung aller Unternehmensziele keine Notwendigkeit für Controlling und Personalcontrolling mehr vorhanden ist (Metz 1995, S. 29). Die Dimension der Ziele nimmt eine besondere (übergeordnete) alle anderen Dimensionen beeinflussende Position ein. Aus den Personalcontrolling-Zielen lassen sich die Aufgaben des Personalcontrolling ableiten. Diese Aufgaben wiederum benötigen zur ihrer Ausführung spezielle Instrumente, die indirekt ebenfalls von den gesetzten Zielen abhängen (Kammel 1991, S. 59). In diesem Sinne kommt den Zielen eine Lenkungsfunktion zu. Die Personalcontrolling-Ziele leiten sich von den Oberzielen des Unternehmens ab (DGfP 2001, S. 24). Die Einordnung der Personalcontrolling-Ziele in die Zielhierarchie des Unternehmens wird in der Abbildung 3.2.1 dargestellt. Hentze und Kammel sehen es als das Oberziel des Personalcontrolling an, personalwirtschaftliche Maßnahmen und Entscheidungen so auszurichten, dass sie zu den Unternehmenszielen beitragen (Hentze/Kammel 1996, S. 295).

```
┌─────────────────────────────────────────────────┐
│              Unternehmensvision                   │
│ Oberste Ebene allen unternehmerischen Denkens    │
│ und Handelns. Die Vision ist ein klares Bild von der │
│ Zukunft, die das Unternehmen erschaffen möchte   │
│ (z.B. weltweit Marktführer im Kreditkartengeschäft) │
└─────────────────────────────────────────────────┘
        ┌────────────────────────────────────────────┐
        │           Unternehmensgrundsätze            │
        │ Ethische und moralische Wertvorstellungen der │
        │ Unternehmensführung im Hinblick auf ihre Umwelt. │
        │ D.h., das Verhalten des Unternehmens gegenüber │
        │ Mitarbeitern, Aktionären, Kunden, Staat etc.. Die │
        │ Unternehmensgrundsätze konkretisieren sich in der │
        │ Unternehmenspolitik.                        │
        └────────────────────────────────────────────┘
        ┌────────────────────────────────────────────┐
        │            Unternehmensziele                │
        │ Die obersten Unternehmensziele unterscheiden sich │
        │ von den weiter unten in der Zielhierarchie angeord- │
        │ neten Zielsetzungen. Die obersten Unternehmens- │
        │ ziele sind (z.B.) die Erhaltung des Unternehmens │
        │ und die Gewinnmaximierung. Den abstrakt formu- │
        │ lierten oberen Unternehmenszielen müssen in einem │
        │ nächsten Schritt konkrete Zielsetzungen für einzelne │
        │ Teilbereiche des Unternehmens folgen. Die Zielka- │
        │ tegorien der nächsttieferen Ebene der Unternehmens- │
        │ ziele sind z.B. wirtschaftliche, soziale oder sonstige │
        │ Ziele (z.B. ökologische Ziele). Operationalisierte │
        │ Teilziele für einzelne Funktionsbereiche des Unter- │
        │ nehmens (z.B. Marketing-, Beschaffungs- oder │
        │ Absatzziele).                               │
        └────────────────────────────────────────────┘
```

Personalwirtschaftliche Ziele	Controlling Ziele
Bereitstellen von benötigtem Personal in der richtigen Menge, mit der richtigen Qualifikation, zur rechten Zeit, am rechten Ort.	Unterstützung der Unternehmensführung im Hinblick auf die Erreichung der Unternehmensziele durch Sicherstellung einer zielgerichteten Steuerung des Unternehmens auf die Unternehmensziele

```
        ┌────────────────────────────────────────────┐
        │         Personalcontrolling-Ziele           │
        │ Zielorientierte Steuerung personalwirtschaftlicher │
        │ Massnahmen durch Bewertung und Ausrichtung der │
        │ Personalarbeit auf die Unternehmensziele    │
        └────────────────────────────────────────────┘
```

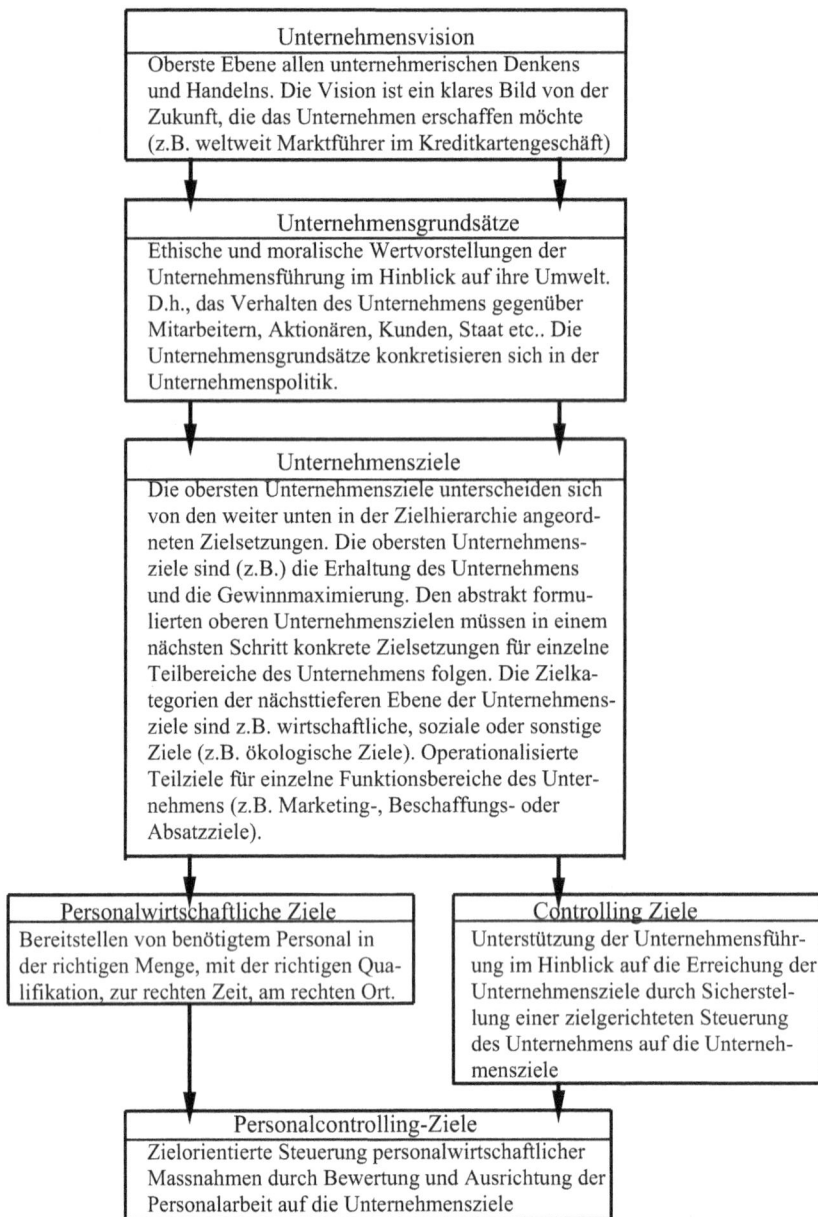

Abb. 3.2.1 Einordnung der Personalcontrolling-Ziele in die Unternehmensziel-hierarchie (Quellen: Metz 1995, S. 31ff.; DGfP 2001, S. 24; Wöhe 1993, S. 130ff.)

Wunderer beschreibt die Optimierung des Nutzens der Personalarbeit als das Oberziel des Personalcontrolling (Wunderer 1991, S.272). Da sich die Personalcontrolling-Ziele u.a. aus den personalwirtschaftlichen Zielen ableiten, wird auch deren Hauptproblem, und zwar das Verfolgen zweier konfliktärer Ziele (ökonomische u. soziale) mit abgeleitet (Hoyer 1991, S. 264). Somit ist es auch Ziel des Personalcontrollings einerseits die Arbeitszufriedenheit, die Motivation und die Mitarbeiterloyalität zu steigern, andererseits aber stets auf die wirtschaftliche Durchführung der Aktivitäten im Personalbereich zu achten.

3.3 Aufgaben des Personalcontrolling

Die Aufgaben des Personalcontrolling sind (Hoyer 1991, S. 277; DGfP 2001, S. 27):

⇨ Die Sicherung und Verbesserung der *Informationsversorgung* der Personalwirtschaft.

⇨ Die *Evaluation* der Folgen von personalwirtschaftlichen Massnahmen.

⇨ Die Unterstützung der *Planung und Steuerung* und die Durchführung der *Kontrolle* und Abweichungsanalyse im Personalbereich.

⇨ Die *Koordinationsaufgabe*

⇨ Das Schaffen von *Transparenz* im Personalbereich.

⇨ *Früherkennung* von Chancen und Risiken

Im Rahmen der Personalcontrolling-Aufgaben hat die Informationsversorgungsaufgabe eine besondere, den anderen Aufgaben übergeordnete Stellung, da z.B. für die Planung oder auch für die Evaluation Informationen benötigt werden (Hoyer 1991, S. 277). Der Output eines Informationsversorgungssystems stellt den notwendigen Input zur Erfüllung der anderen Personalcontrolling-Aufgaben dar (Metz 1995, S.60). Deshalb wird auf die Informationsversorgungsaufgabe im nachfolgenden Kapitel intensiver eingegangen. Papmehl beschreibt die Informationsversorgungsaufgabe wie folgt: Die richtigen Informationen in der richtigen Verdichtung den richtigen Personen zum richtigen Zeitpunkt zugänglich zu machen (Papmehl 1990, S. 26). Das Informationsversorgungssystem des Personalcontrolling ist nicht gleichzusetzen mit dem Personalinformationssystem des Personalbereichs (z.B. das Führen von Personalstatistiken und Personalstammdaten in der Personalverwaltung) (Kammel 1991, S.184). Das Personalcontrolling benutzt zwar vorhandene Informationssysteme des Personalbereichs, diese sind aber meisst unzureichend in ihrem Verdichtungsgrad und der benutzergerechten Zuordnung der Informationen, um z.B. Wirtschaftlichkeitsanalysen durchzuführen. Ausserdem sind in den bestehenden Informationssystemen des Personalbereichs qualitative Daten, wie z.B. Daten aus Mitarbeiterbefragungen, nicht berücksichtigt (Hoss 1989, S. 287 ff).

19

Die Informationsversorgungsaufgabe des Personalcontrolling kann man unterteilen in:

- Informationsbedarfsermittlung

- Informationsbeschaffung/-aufbereitung

- Informationsübermittlung

Bei der Informationsbedarfsermittlung müssen folgende Fragen geklärt werden (Potthoff u.Trescher 1986, S. 209):

⇨ Welche Entscheidungen fallen zur Zielerfüllung im Personalbereich an?

⇨ Wem sollen welche Informationen, in welcher Verdichtung und zu welchem Zeitpunkt bereitgestellt werden?

⇨ Wozu werden die Informationen benötigt?

Bei der Ermittlung des Informationsbedarfs treten Abstimmungsprobleme zwischen der Summe der zur Verfügung stehenden Informationen (Gesamtinformationsangebot), der Summe der Informationen, die man zu benötigen glaubt (subjektiver Informationsbedarf), und der Summe der Informationen, die tatsächlich benötigt werden (objektiver Informationsbedarf) auf (Papmehl 1990, S. 26ff.). Ziel der Informationsversorgung durch das Personalcontrolling ist es, die Deckungsgleichheit von Gesamtinformationsangebot und objektivem sowie subjektivem Informationsbedarf zu gewährleisten. Dies soll den Entscheidungsträgern eine optimale, zielgerichtete Aufgabenerfüllung ermöglichen und gleichzeitig eine Ressourcenverschwendung (Kosten und Zeit) vermeiden (Papmehl 1990, S. 27 ff.). Natürlich muss der Nutzen, den die Entscheidungsträger aus den bereitgestellten Informationen erlangen, größer sein als die Kosten, die bei der Erhebung und Übermittlung der Informationen entstehen (Transaktionskosten). Ein Problem ist hier die exakte Evaluation des Informationsnutzens, da im Personalbereich auch qualitative Daten erhoben und übermittelt werden.

Im Rahmen der Informationsbeschaffung sind zunächst folgende Fragen zu klären:

⇨ Wer beschafft, erfasst und bereitet die Informationen auf?

⇨ Wie soll die Informationsbeschaffung/-aufbereitung geschehen?

Das Personalcontrolling hat die Aufgabe, geeignete Informationsquellen zu suchen und diese systematisch daraufhin zu analysieren, inwieweit sie in der Lage sind, die notwendigen Daten für eine optimale Deckung des Informationsbedarfs zu liefern (Hentze u.Kammel 1993, S. 82). Die Informationsquellen lassen sich in interne/externe und personale/sachbezogene Quellen unterteilen.

Informationsquellen	
interne personale	**externe personale**
* Unternehmensleitung	* Messen
* Mitarbeiter	* Personalberater
* Betriebsrat	* Hochschulkontakte
* Personalleitung	* Konferenzen
interne sachbezogene	**externe sachbezogene**
* Personalstatistik	* Fachzeitschriften
* Personalakten	* Arbeitsmarktforschung
* Interne Berichte	* Amtliche Publikationen
* Zentralcontrolling	* Statistiken

Abb. 3.3.1 Beispiele für interne und externe Informationsquellen des Personal-controlling (Quellen: Kammel 1991, S. 83; Metz 1995, S. 58)

Bei der Informationsaufbereitung sollte auf eine benutzerfreundliche Gestaltung und auf eine angemessene Menge der Informationsversorgung geachtet werden, damit diese auch von den Entscheidungsträgern (Informationsvierwendern) akzeptiert wird (Kammel 1991, S. 189).

Bei der Informationsübermittlung ist vor allem folgende Frage zu klären:

⇨ Wer gibt die Informationen wie, wann und an wen weiter ?

Das Personalcontrolling muss bei der Informationsübermittlung darauf achten, dass dies keinen einseitigen Prozess darstellt. Durch einen Informationsrücklauf wird festgestellt, ob der Informationsinhalt beim Empfänger richtig aufgenommen worden ist. Wenn nicht, muss das Personalcontrolling die Informations-übermittlung verbessern (Kammel 1991, S. 247). Ein Informationsübermitt-lungsinstrument ist das Berichtswesen, für dessen Gestaltung das Personalcont-rolling verantwortlich ist (Hoss 1989, S. 296). Nach Hentze u. Kammel soll bei der Gestaltung die Berichtsfrequenz, der Verdichtungsgrad, die Bearbeitungs-zeit, die Übertragungsform, der Berichtsersteller und -empfänger bestimmt wer-den (Hentze u. Kammel 1993, S. 125 ff.). Wie bereits am Anfang des Kapitels erwähnt, nimmt die Informationsversorgungsaufgabe eine besondere Stellung gegenüber allen anderen Personalcontrolling Aufgaben ein, da die Information den wichtigsten Rohstoff (wie Benzin für den Automotor) darstellt und deren Qualität alle anderen Aufgaben mit beeinflusst. So bestimmt die Qualität der zur Verfügung stehenden Informationen in bedeutendem Ausmaß auch die Art und Güte der getroffenen Entscheidungen (Kammel 1991, S. 82).

Die Evaluationsaufgabe befasst sich mit der Ermittlung des Beitrags der Perso-nalwirtschaft zu den Unternehmenszielen. Dies ist notwendig, um dem Haupt-ziel des Personalcontrollings, und zwar der optimalen Ausrichtung der perso-nellen Ressourcen auf die Unternehmensziele, nachzukommen. Eine zielorien-tierte Steuerung ist erst möglich, wenn der personalwirtschaftliche Beitrag er-mittelt und Abweichungen von den Unternehmenszielen festgestellt werden

(Metz 1995, S. 62). Unter Evaluation versteht man die Bewertung und Beurteilung (von ökonomischen Werten und/oder sozialen Nutzen) der Personalmassnahmen, -strukturen oder -prozessen (Hoss 1989, S. 41). Die Evaluation soll dabei nicht erst im nachhinein erfolgen, sondern bereits bei der Planung die möglichen Auswirkungen einer Entscheidung analysieren und beurteilen (z.b. Beurteilung der Wirtschaftlichkeit einer Maßnahme) (Metz 1995, S. 63). Ökonomische Erfolgsgrößen sind vor allem die Effektivität und die Effizienz. Dabei versteht man unter Effizienz das Maß für die Wirtschaftlichkeit des Mitteleinsatzes („Die Dinge richtig tun") und unter Effektivität das Maß für die Eignung bestimmter Maßnahmen („Die richtigen Dinge tun") (Wogersien 2001, S. 548). Soziale Erfolgswirkungen sind z.B. die Arbeitszufriedenheit, Motivation oder die Identifikation mit dem Unternehmen (Metz 1995, S. 63). Auch bei der Evaluation muss dessen Aufwand unter Nutzengesichtspunkten einer kritischen Betrachtung unterzogen werden, d.h. dass Aufwand und Nutzen der Evaluation auch in einem wirtschaftlichen Verhältnis zueinander stehen müssen. Die Ergebnisse der Evaluation dienen den Entscheidungsträgern als Grundlage für die Planung und Steuerung von Veränderungen. Mögliche Anwendungsgebiete der Evaluation sind z.B. (Hentze und Kammel 1993, S. 140 ff.):

• Analyse von Strukturen und Systemen im Unternehmen, die das Mitarbeiterverhalten stark beeinflussen, wie z.b. die Führungsstruktur oder Anreizsysteme.

• Erfolgskontrollen von Maßnahmen in der Personalwirtschaft.

• Analyse der Verteilung und Zusammensetzung von Personalkosten.

Das System der Planung, Steuerung und Kontrolle (Regelkreismethodik) wurde aus dem Controlling übertragen (Kapitel 2.2). Die Aufgabe des Personalcontrolling ist es einerseits den Entscheidungsträgern ein Planungs- und Kontrollsystem zur Verfügung zu stellen (wenn noch nicht vorhanden, ein Personalplanungs- und Kontrollsystem neu gestalten oder das vorhandene System modifizieren) und andererseits prozessbegleitend die Planungsdurchführung zu unterstützen (Hentze u. Kammel 1993, S. 43). Anwendungsgebiete der Planung in der Personalwirtschaft sind z.B. die Personalbeschaffungsplanung, die Personalentwicklungsplanung, die Personalbedarfsplanung oder die Personalabbauplanung (Hoss 1989, S. 30).Auch die Steuerung wird nicht vom Personalcontrolling durchgeführt, sondern durch eine zielgerichtete Abweichungsanalyse Steuerungsinformationen bereitgestellt. Bei der Planung und Steuerung hat das Personalcontrolling also eine Unterstützungsfunktion (Metz 1995, S. 44). Kontrolle und Abweichungsanalyse jedoch werden vom Personalcontrolling selbst durchgeführt.

Personalcontrolling hat auch die Aufgabe eines Früherkennungs- und Frühwarnsystems, welches die langfristig erwarteten Einwirkungen auf die personalwirtschaftlichen Erfolgsgrößen des Unternehmens frühzeitig anzeigt (Metz 1995, S. 25). Das Personalcontrolling sorgt mit der Koordination für eine optimale Abstimmung bei einzelnen Personalcontrolling Aufgaben (z.B. die Koordination bei einer optimalen Abstimmung der Schnittstellen von Planung, Steuerung und Kontrolle), unter den Aufgaben (z.B. Koordination von Information und Planung) und für die Abstimmung der Teilpläne mit übergeordneten Plänen (z.B. Personalbedarfsplanung mit dem Unternehmenskostenplan) (Hentze u.Kammel 1993, S. 58 ff.; Hoyer 1991, S. 287ff.).

3.4 Strategisches und operatives Personalcontrolling

Das strategische Personalcontrolling soll die unternehmensstrategischen Überlegungen unterstützen (DGfP 2001, S. 21). Die wesentlichen Aufgabeninhalte des strategischen Personalcontrollings sind nach Wunderer die Integration der personellen Dimensionen in die Unternehmensstrategie, die langfristige Personalplanung, die unternehmerische Orientierung des Personalmanagements und die Analyse der strategischen Wirkungen der personalwirtschaftlichen Entscheidungen (Wunderer 1994, S.16). Das operative Personalcontrolling ist primär handlungsbezogen auf wiederkehrende Arbeitsvorgänge und Aufgabenstellungen ausgerichtet (DGfP 2001, S. 22). Das operative Personalcontrolling analysiert zentrale personalwirtschaftliche Bereiche wie z.B. die Personalentwicklung oder die Personalplanung unter Controlling Aspekten (Wunderer 1994,S.43). Die Abgrenzung des Personalcontrollings in strategischer und operativer Hinsicht wird in der folgenden Tabelle anhand von einigen signifikanten Merkmalen dargestellt:

Merkmale	strategisches PC	operatives PC
Zeithorizont	langfristig	kurzfristig
Dimensionen	Chancen/Risiken, Stärken/Schwächen	Aufwand/Ertrag, Kosten/Leistungen
Zielgrössen	Erfolgspotenzial, Existenzsicherung	Wirtschaftlichkeit, Gewinn, Rentabilität
Präzision	grobe Informationen, wenig differenziert	präzise Informationen, stark differenziert
hierarchische Einordnung	obere Hierarchieebene	untere und mittlere Hierarchieebene
Objekte	überwiegend qualitativ	überwiegend quantitativ

Abb. 3.4.1 Abgrenzung von strategischem und operativem Personalcontrolling (Quellen: Hentze/Kammel 1993, S. 63ff.; Amling 1998, S. 250)

Neben dem operativen (kurzfristigen) und strategischen (langfristigen) Personalcontrolling gibt es auch ein taktisches (mittelfristiges) Personalcontrolling. Dieses wird aber in dieser Arbeit dem operativen Personalcontrolling zugeordnet, da einerseits die Übergänge fließend sind und andererseits die Abgrenzung von strategischem zu operativem Personalcontrolling so besser dargestellt werden. Die operative und strategische Ausrichtung des Personalcontrolling soll nicht isoliert betrachtet werden. Sie sind nach dem Prinzip des kybernetischen

Regelkreises miteinander zu vernetzen (Metz 1995, S.49). Strategische Problem-stellungen sind eher qualitativ und operative Problemstellungen eher quantitativ ausgerichtet. Eine klare Abgrenzung ist aber nicht vorhanden (Hoss 1989, S. 47).

3.5 Quantitatives und qualitatives Personalcontrolling

Die Ausrichtung des Personalcontrolling auf den Menschen bringt es mit sich, dass neben dem quantitativen Controlling auch qualitative Objekte Gegenstand der Betrachtung sind (Metz 1995, S. 19).

Personalcontrolling	
quantitativ orientiert	qualitativ orientiert
Nutzung ökonomischer Faktoren	Nutzung menschlicher und ökonomischer Potenziale
kurzfr. Gewinnmaximierung	langfr. Existenzsicherung
quantitatives Wachstum	qualitatives Wachstum
Kennzahlen-Controlling	Leitbild-Controlling
Gewinnsteuerung	Potenzialsteuerung
materiell orientiert	immateriell orientiert

Abb. 3.5.1 Unterscheidungsmerkmale zwischen quantitativem und qualitativem Personalcontrolling (Quelle: Wunderer 1994, S. 16)

Das Personalcontrolling hat die duale (Haupt-) Zielverfolgung der Personalwirt-schaft, und zwar das Verfolgen von ökonomischen und sozialen Zielen, über-nommen. Das Controlling in der Personalwirtschaft soll das ökonomische Den-ken und Handeln in der Personalarbeit verbessern, deswegen müssen quantita-tive Daten wie z.B. die Personalkosten, die Wirtschaftlichkeit von Personal-massnahmen oder die Effektivität analysiert werden. Andererseits sollen auch die sozialen Folgen ökonomischer Entscheidungen abgeschätzt werden. Dies geschieht durch die Evaluation von qualitativen Aspekten, wie z.B. die Mitar-beitermotivation, das Mitarbeiterpotenzial oder die Arbeitszufriedenheit (DGfP 2001, S. 22). Das qualitative Personalcontrolling ist tendenziell strategisch und das quantitative Personalcontrolling tendenziell operativ orientiert (Wunderer 1994, S.16 ff.). Die Abbildung zeigt Unterscheidungsmerkmale des quantitati-ven und qualitativen Personalcontrollings.

4. Methoden des Personalcontrolling

4.1 Kennzahlen

4.1.1 Definition und Arten von Kennzahlen

Der Informationscharakter, die Quantifizierbarkeit und die Möglichkeit, komplizierte Strukturen und Prozesse einfach abzubilden sind wesentliche Eigenschaften einer Kennzahl (Reichmann 2001, S. 19). Kennzahlen informieren über einen quantitativ erfassbaren Tatbestand in konzentrierter Form (DGfP 2001, S. 33). Sie dienen hauptsächlich als Informations- und Steuerungsinstrument für die Entscheidungsträger (Mülder/Seibt 1994, S. 115). Dabei kann man Kennzahlen in zwei Kategorien unterteilen, und zwar in absolute Zahlen und in relative Zahlen:

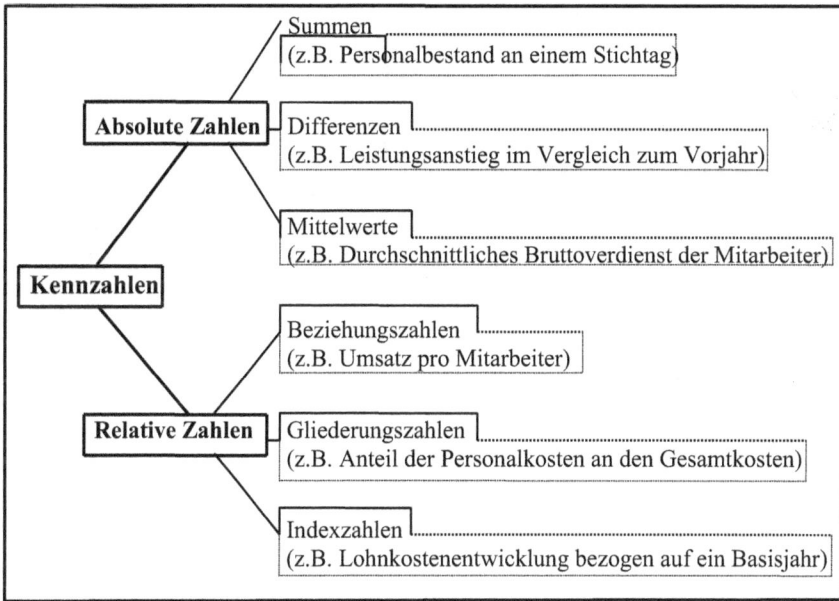

Summen
(z.B. Personalbestand an einem Stichtag)

Absolute Zahlen — Differenzen
(z.B. Leistungsanstieg im Vergleich zum Vorjahr)

Mittelwerte
(z.B. Durchschnittliches Bruttoverdienst der Mitarbeiter)

Kennzahlen

Beziehungszahlen
(z.B. Umsatz pro Mitarbeiter)

Relative Zahlen — Gliederungszahlen
(z.B. Anteil der Personalkosten an den Gesamtkosten)

Indexzahlen
(z.B. Lohnkostenentwicklung bezogen auf ein Basisjahr)

Abb. 4.1.1 Arten von Kennzahlen
(Quellen: Bröckermannn 2001, S. 452; Schulte 2002 S. 3; Wunderer/Jaritz 1999, S. 26; Brinkmann 1991, S. 39; Helms 1995, S. 60)

Absolute Zahlen stellen entweder Mengen- oder Wertgrößen dar (Schulte 2002, S. 4). Relative Zahlen setzen relevante Mengen- oder Wertgrößen zueinander in Beziehung (Mülder/Seibt 1994, S. 118; Schulte 2002, S. 4). Bei Beziehungszahlen werden verschiedenartige Größen zueinander in Beziehung gesetzt, und bei Gliederungszahlen wird der Anteil einer Teilmenge an der Gesamtmenge ermittelt (Wunderer/Schlagenhaufer 1994, S. 112; Potthoff/ Trescher 1986, S. 230ff.; Mülder/Seibt 1994, S. 118). Indexkennzahlen setzen gleichartige Werte, die zu verschiedenen Zeitpunkten angefallen sind, zu einem Basiswert in Beziehung (Potthoff/ Trescher 1986, S. 231; Mülder/ Seibt 1994, S. 118; Wunderer/Jaritz 1999, S. 26). Indexkennzahlen lassen also die Entwicklung relevanter Einzeldaten erkennen (Brinkmann 1991, S. 40).

4.1.2 Personalkennzahlen

Der Einsatz von Kennzahlen im Personalbereich dient der besseren Informationsversorgung, der Personalplanung, der Analyse und der Kontrolle (Wunderer/ Jaritz 1999, S. 27). Erst duch eine Vergleichsgrundlage erhalten Kennzahlen ihre Aussagekraft. Die Vergleichsgrundlagen sind Zeitvergleiche, Soll/Ist-Vergleiche oder Betriebsvergleiche (DGfP 2001, S. 34). Bei Zeitvergleichen werden identische Kennzahlen von unterschiedlichen Zeitpunkten oder aus unterschiedlichen Zeiträumen gegenübergestellt. Bei Soll/Ist-Vergleichen werden Soll und Ist-Zahlen aus einem Zeitraum gegenübergestellt (Schulte 2002, S. 4). Kennzahlen können für unternehmensinterne und auch für unternehmensexterne Vergleiche (z.B. mit Branchendaten oder Betriebsvergleiche) eingesetzt werden (Mülder/Seibt 1994, S. 120).

In der nachfolgenden Abbildung werden einige Personalkennzahlen strukturiert nach den Funktionen des Personalwesens dargestellt. Diese Tabelle ist weder vollständig noch stellt sie ein geschlossenes Kennzahlensystem dar. Welche Kennzahlen wo und in welchem Umfang eingesetzt werden, hängt von den individuellen Zielen des Unternehmens ab. Allgemein kann man sagen, dass Kennzahlen nicht isoliert betrachtet werden sollten, weil sie sonst aus dem Gesamtzusammenhang heraus gerissen werden. Zur Beurteilung eines wirtschaftlichen Sachverhalts sollten Kennzahlensysteme gebildet werden, die aufeinander Aufbauen und miteinander in Beziehung stehen (Bühner 2000, S. 36; Potthoff/ Trescher 1986, S. 236 ff.; Wunderer/Jaritz 1999, S. 27). Dies macht nämlich die Wechselwirkungen zwischen den einzelnen Kennzahlen deutlich und mindert somit das Risiko einer Fehlentscheidung.

Personalbeschaffung

$$\text{Personalbeschaffungskosten pro Eintritt} = \frac{\text{Gesamtkosten der Personalbeschaffung}}{\text{Anzahl der Eintritte}} \quad \text{(in Euro)}$$

Personaleinsatz

$$\text{Überstundenquote} = \frac{\text{Überstunden}}{\text{Normal-Arbeitsstunden}} \times 100\,\%$$

Personalentwicklung

$$\text{Jährliche Weiterbildungszeit pro Mitarbeiter} = \frac{\text{Gesamtzahl der Weiterbildungstage}}{\text{Gesamtzahl Mitarbeiter}}$$

Betriebliches Vorschlagswesen

$$\text{Durchschnittsprämie} = \frac{\text{Bruttoprämien}}{\text{Prämierte Vorschläge}} \quad \text{(in Euro)}$$

Personalfreisetzung

$$\text{Abfindungsaufwand pro Mitarbeiter} = \frac{\text{Abfindungsaufwendungen}}{\text{Anzahl betroffener Mitarbeiter}}$$

Pesonalkostenplanung und -kontrolle

$$\text{Personalkosten je Mitarbeiter} = \frac{\text{Gesamte Personalkosten}}{\text{Anzahl der Mitarbeiter}}$$

Abb. 4.1.2 Personalkennzahlen strukturiert nach Personalfunktionen
(Quellen: Wunderer/Jaritz 1999, S. 104; Hentze/Kammel 1993, S. 88; Schmeisser/
Clermont/Protz 1999, S. 218ff.; Schulte 2002, S. 156 ff.)

Nachfolgend werden einige Personalkennzahlen näher dargestellt, diese beruhen sich v.a. auf die Veröffentlichungen von Schulte. Die Auswahl der näher betrachteten Kennzahlen fiel willkürlich. Unterschiede bei den selektierten Kennzahlen findet man bei deren Zuordnung zu den personalwirtschaftlichen Zielen:

Ziele der Personalwirtschaft	Kennzahlen
Begrenzung des Personalaufwandes	Effizienz der Beschaffungswege
Wahrung der sozialen Verantwortung durch Sicherung der Arbeitsplätze	Ausbildungsquote
Leistungssteigerung und Motivation der Mitarbeiter	Beteiligungsquote (=Verbesserungsvorschlagsrate)
Rentabilitätsverbesserung von Investitionen	Struktur der Prüfungsergebnisse Annahmequote von V-Vorschlägen

Abb. 4.1.3 Zuordnung der Kennzahlen zu den personalwirtschaftlichen Zielen (Quelle: Schulte 2002, S. 133 ff.)

Besteht eine Personalunterdeckung, bedient sich das Unternehmen interner und externer Beschaffungswege, um diese zu beseitigen (Bröckermann 2001, S. 63 ff.). Zu den externen Personalbeschaffungswegen gehören u.a. die Zeitungsannoncen, Personalleasing oder Absolventenmessen. Um die *Effizienz der verschiedenen Beschaffungswege* zu überprüfen und ggf. zu optimieren ist folgende Kennzahl geeignet:

$$\text{Effizienz der Beschaffungswege} = \frac{\text{Bewerbungen (oder Einstellungen)}}{\text{Beschaffungsweg a}} \times 100 \, [\%]$$

(Quelle: Schulte 2002, S. 166)

Mit dieser Kennzahl kann man durch Zeitreihenvergleiche (oder Soll/Ist-Vergleiche) die Kosten-Nutzen Relation einzelner Beschaffungswege beurteilen (Schulte 2002, S. 166). Die am häufigsten verwendete und damit auch der wichtigste externe Personalbeschaffungsweg ist die Zeitungsannonce. Die Ineffizienz eines Beschaffungsweges kann verschiedene Ursachen haben:

- Auswahl des falschen Mediums (z.B. Suche nach ungelernten Arbeitern in einer überregionalen Tageszeitung).
- Schlechte Gestaltung und schlechte Qualität der Anzeige (z.B. der Qualität der zu besetzenden Stelle nicht angemessene Größe oder falsche Platzierung in der Zeitung) (Schulte 2002, S. 166).

- Die aktuelle Arbeitsmarktsituation (obwohl es ja bekanntlich mehr als vier Millionen Arbeitslose auf dem deutschen Arbeitsmarkt gibt, wird seitens der Unternehmen immer wieder der Mangel an qualifizierten Arbeitskräften beklagt).

- Geringe Attraktivität des Ausbildungsberufes (z.b. sind immer weniger Jugendliche bereit, Handwerksberufe zu erlernen). Ob ein Ausbildungsberuf attraktiv ist, kann man durch die Analyse der aktuellen Statistiken der Bundesanstalt für Arbeit und durch Betriebsvergleiche mit den anderen Firmen der eigenen Branche feststellen.

- Der schlechte Ruf des Unternehmens

Die Hauptursache der Ineffizienz des Beschaffungsweges kann man durch die „try and error" Methode versuchen zu identifizieren. Wenn man z.b. nicht weiß, ob die Ursache die schlechte Gestaltung der Anzeige ist (dies aber vermutet), kann man durch Schaltung einer gestalterisch verbesserten Stellenanzeige und durch Zeitreihenvergleiche die Auswirkung der Modifikation auf die Effizienz des Beschaffungsweges feststellen. Bleiben die Auswirkungen aus, muss man dies mit einer anderen Ursache (z.b. falsches Medium) versuchen und vergleichen. Natürlich kann man ein gewisses Restrisiko von Zufallseinflüssen nicht ausschließen. Wenn die Quantität und vor allem die Qualität der eingehenden Bewerbungen den Ansprüchen des Unternehmens entsprechen, kann man versuchen, die Personalbeschaffungskosten zu senken, indem man den Werbeaufwand für die einzelnen Beschaffungswege (moderat) senkt und durch Zeitvergleiche beobachtet, wie sich die Veränderungen auf die Effizienz der Beschaffungswege auswirken. Die Effizienz des Beschaffungsweges ist optimiert, wenn aufgrund der Zeitvergleiche die höchste Qualität (u. Quantität) der Bewerbungen in Verbindung mit den geringsten Kosten der Personalwerbung ermittelt wird. Für die strategische Unternehmensplanung stellt die Personalentwicklung eine besonders wichtige Aufgabe dar. Durch die rechtzeitige Ausbildung des Nachwuchses zu qualifizierten Arbeitskräften soll der zukünftige Fortbestand des Unternehmens gesichert werden. Um den Personalbestand strategisch zu planen, wird der Anteil der Auszubildenden an der Gesamtmitarbeiterzahl durch die Kennzahl der *Ausbildungsquote* ermittelt:

$$\text{Ausbildungsquote} = \frac{\text{Anzahl der Auszubildenden}}{\text{Gesamtzahl der Mitarbeiter}} \times 100 \ [\%]$$

(Quelle: Schulte 2002, S. 198)

Die ermittelte Quote kann durch Zeitvergleiche, Soll/Ist-Vergleiche oder durch Betriebsvergleiche der vorher festgelegten Unternehmensstrategie angepasst werden. Zu erwähnen ist noch, dass die Ausbildungsquote nach Ausbildungsberufen, nach Ausbildungsjahren und nach Standorten gegliedert werden kann (Schulte 2002, S. 196).

Um aber den Unternehmenserfolg langfristig zu sichern, reicht es nicht alleine aus, Nachwuchskräfte auszubilden. Viel wichtiger ist natürlich die Qualität der ausgebildeten Mitarbeiter (zukünftiges Humanpotenzial des Unternehmens).

Ein Indikator hierfür ist die Kennzahl der *Struktur der Prüfungsergebnisse*:

$$\text{Struktur der Prüfungsergebnisse} = \frac{\text{Anzahl der Absolventen mit der Note x}}{\text{Gesamtzahl der Absolventen}} \times 100 \, [\%]$$

(Quelle: Schulte 2002, S. 196)

Die Vergleichsgrundlage sollte hier vor allem der Betriebsvergleich sein. Dieser lässt nämlich Rückschlüsse auf die Qualität des Ausbildungswesens und die Effizienz der Bewerberauswahl zu (Schulte 2002, S. 198). Wenn die Auszubildenden eines Unternehmens häufig überdurchschnittliche Leistungen erzielen, kann dies die Attraktivität des Unternehmens als Arbeitgeber nachhaltig erhöhen (Schulte 2002, S. 198). Dies führt im besten Fall dazu, dass Personalbeschaffungskosten eingespart werden, weil durch den entstandenen guten Ruf des Unternehmens quantitativ und qualitativ hohe Blindbewerbungen eingehen. Somit würde das Schalten von Stellenanzeigen (aus Kostenaspekten) überflüssig werden.

Das betriebliche Vorschlagswesen soll alle Verbesserungsmöglichkeiten erschließen, die über das definierte Aufgabengebiet der Mitarbeiter hinausgehen (Schulte 2002, S. 75). Es bietet den Mitarbeitern die Möglichkeit zur aktiven Mitgestaltung des Betriebsgeschehens. Durch die Möglichkeit Verbesserungsvorschläge einzureichen soll die Kreativität der Mitarbeiter gefördert werden und ein Beitrag zur Reduzierung der Arbeitsmonotonie geleistet werden (Schulte 2002, S. 75). Natürlich spielt auch der Nutzen durch Kosteneinsparungen (z.B. durch Materialersparnis, pfiffige Werbemaßnahmen die den Umsatz steigern oder Verbesserung der Arbeitsabläufe) von den angenommenen Verbesserungsvorschlägen für das Unternehmen eine große Rolle. Ist dies im Sinne der Unternehmenspolitik, sollte die *Verbesserungsvorschlagsrate* (auch Beteiligungsquote oder Einsendequote genannt) vom Unternehmen erhoben werden. Durch Erhebung dieser Kennzahl (und Zeitvergleiche) kann man die Beteiligung am betrieblichen Vorschlagswesen steuern. Für das Personalcontrolling ist insbesondere die Analyse der unternehmensinternen Entwicklung im Zeitverlauf sowie der Vergleich mit anderen Unternehmen relevant (Schulte 2002, S.76).

$$\text{Beteiligungsquote} = \frac{\text{Eingereichte Verbesserungsvorschläge}}{\text{Gesamtzahl der Mitarbeiter (im Jahresdurchschnitt)}} \times 100\ [\%]$$

(Quelle: Schulte 2002, S. 204)

Diese Kennzahl ist ein Indikator für die Effizienz des betrieblichen Vorschlags-wesen. Ist die Beteiligungsquote (im Vergleich zu den gesetzten Zielen) zu nied-rig, kann dies verschiedene Ursachen haben:

- Zu wenig oder falsche Werbung (Werbemittel sind z.B. Beilagen in der Ge-haltsabrechnung, Hinweise in Werkzeitschriften, Plakate in betrieblichen Aufenthaltsräumen oder persönliche Briefe) (Schulte 2002, S. 77ff.).

- Zu geringe Prämien (Die Prämien sollten angemessen sein, da zu hohe Prä-mien die Leistung der Mitarbeiter in seiner alltäglichen Beschäftigung min-dern kann und zu geringe Prämien keinen Anreiz darstellen).

- Das Vorschlagswesen ist zu bürokratisch (Deswegen kann schon das For-mular viele Mitarbeiter überfordern) (Bühner 2000, S. 166).

- Die Prozedur zwischen Vorschlag und Belohnung ist zu lang (Es sollten schnelle Feedbacks erfolgen, da sonst die Mitarbeiter die Motivation verlie-ren) (Bühner 2000, S. 168).

- Mangelnde Qualität und Motivation der Mitarbeiter (Im schlimmsten Fall haben die Mitarbeiter Denkschwierigkeiten, sind einfallslos oder es ist ihnen gleichgültig) (Schulte 2002, S. 77).

Hohe Beteiligungsquoten können für die Identifikation der Mitarbeiter mit dem Unternehmen sprechen. Natürlich ist nicht die Quantität sondern die Qualität des Verbesserungsvorschlags wichtig. Diese drückt die Kennzahl der *Annahmequote* aus.

$$\text{Annahmequote} = \frac{\sum \text{angenommene Verbesserungsvorschläge}}{\sum \text{eingereichte Verbesserungsvorschläge}} \times 100\ [\%]$$

(Quelle: Schulte 2002, S. 207)

Eine hohe Annahmequote ist ein Indikator für die Qualität und die Motivation der Mitarbeiter.

Bei dem Einsatz von Kennzahlen in der Unternehmenspraxis ist es wichtig, dass mehrere Kennzahlen die in einer gewissen Beziehung zueinander stehen angewendet werden (Kennzahlensystem). Die Anwendung von Einzelkennzahlen kann nämlich zu Fehlinterpretationen und somit zu gravierenden Fehlentscheidungen führen (Wunderer/ Jaritz 1999, S. 27; Bühner 2000, S. 36).

4.1.3 Das Kennzahlen-Netzwerk der Hewlett-Packard GmbH

Die Hewlett-Packard GmbH hat ein Kennzahlensystem für die Bereitstellung von Informationen für Planungs- und Entscheidungszwecke und zur Kontrolle von Personalmassnahmen eingeführt (Köder 1994, S. 184).

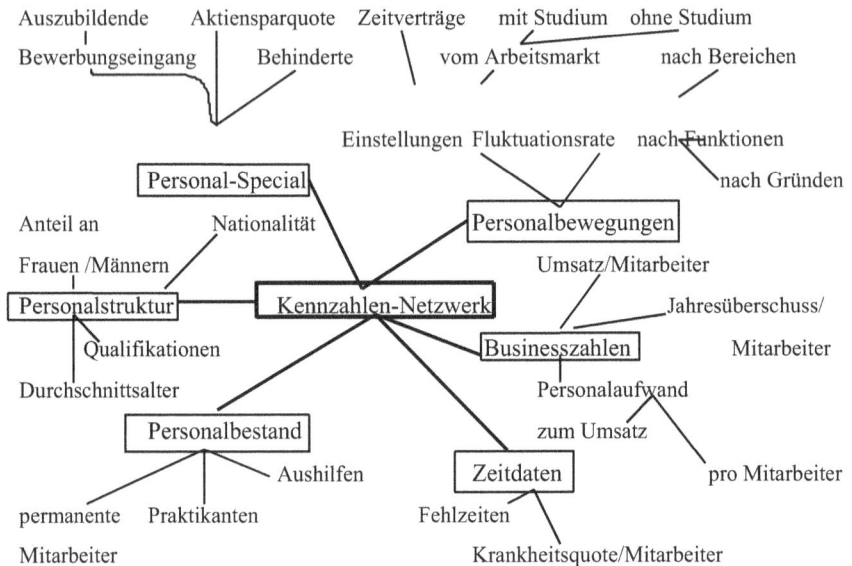

Auszubildende   Aktiensparquote   Zeitverträge   mit Studium   ohne Studium

Bewerbungseingang   Behinderte   vom Arbeitsmarkt   nach Bereichen

Einstellungen   Fluktuationsrate   nach Funktionen

Personal-Special   nach Gründen

Anteil an   Nationalität   Personalbewegungen

Frauen /Männern   Umsatz/Mitarbeiter

Personalstruktur   Kennzahlen-Netzwerk   Jahresüberschuss/

Qualifikationen   Businesszahlen   Mitarbeiter

Durchschnittsalter   Personalaufwand

Personalbestand   zum Umsatz

Aushilfen   Zeitdaten   pro Mitarbeiter

permanente   Praktikanten   Fehlzeiten

Mitarbeiter   Krankheitsquote/Mitarbeiter

Abb. 4.1.4 Das Kennzahlen-Netzwerk der Hewlett-Packard GmbH (Quellen: Köder 1994, S. 185; Kohlmann 2000, S. 131)

Das Kennzahlen-Netzwerk von Hewlett-Packard hat den Vorteil, dass alle Kennzahlen und deren Zusammenhänge übersichtlich dargestellt und erfasst werden können (Köder 1994, S. 184; Kohlmann 2000, S. 130). Der Grundgedanke ist hier, dass die jeweiligen Entscheidungsträger, die für sie wichtigen Kennzahlen dann (individuell) detaillierter analysieren können und trotzdem den Überblick über die Interdependenzen der Kennzahlen nicht verlieren (Köder 1994, S. 184; Kohlmann 2000, S.131).

4.1.4 Vor- und Nachteile

Der Einsatz von Kennzahlen in den Personalfunktionen bringt u.a. folgende Vorteile mit sich:

⇨ Kennzahlen sorgen für die Komplexitätsreduktion personalwirtschaftlicher Sachverhalte, indem sie wesentliches vom unwesentlichen trennen (Wunderer/Jaritz 1999, S. 27).

⇨ Kennzahlen machen Informationen quantifizierbar und systematisierbar (Helms 1999, S. 59).

⇨ Kennzahlen zeigen Zusammenhang zwischen Ursache und Wirkung, sowie deren gegenseitige Beeinflussbarkeit auf (Potthoff/Trescher 1986, S. 230).

⇨ Kennzahlen operationalisieren Ziele (nach Inhalt, Ausmaß und Zeit). Somit lässt sich die Realisierung personalwirtschaftlicher Ziele (u.a. durch Soll/Ist-Vergleiche) feststellen (Bertram 1992, S. 24; Mülder/Seibt 1994, S. 118).

⇨ Durch die langfristige Ermittlung und Zeitvergleiche lassen sich Trends und Fehlentwicklungen im Personalbereich feststellen (Mülder/Seibt 1994, S. 118).

⇨ Einfache Handhabung der Kennzahlen und bei Neueinführung keine längere Schulung der Anwender.

⇨ Kennzahlen können (bis zu einem gewissen Grad) qualitative Sachverhalte quantifizieren.

⇨ Die Anwendungsmöglichkeiten von Personalkennzahlen sind vielfältig (Bertram 1992, S. 19).

Den oben genannten Vorteilen stehen folgende Nachteile und Probleme von Kennzahlen im Personalbereich gegenüber:

⇨ Falsche oder ungenaue Definition und Erhebung von Basisdaten können Kennzahlenvergleiche zu fehlerhaften Analysen und somit zu Fehlentscheidungen führen (Schulte 2000, S. 154; Wunderer/Jaritz 1999, S. 27).

⇨ Einzelne oder auch nur isoliert nebeneinander gestellte Kennzahlen sind nur begrenzt aussagefähig (Potthoff/Trescher 1986, S. 236).

⇨ Kennzahlen basieren auf vergangenheitsorientierten Daten.

⇨ Es besteht das Problem, aus den vielen zur Verfügung stehenden Informationen das Optimum herauszuholen (Schulte 2002, S. 154).

⇨ Es werden zu viele Kennzahlen gebildet (Kennzahleninflation). Hierbei besteht die Gefahr, dass der Erstellungsaufwand wesentlich höher ist als dessen Nutzen (Wunderer/Jaritz 1999, S. 27; Schulte 2002, S. 154; Helms 1995, S. 68).

⇨ Wenn die Kennzahlen nicht an die rasanten (internen u. externen) Veränderungen der Wirtschaft angepasst werden, können aufgrund nicht aktueller Kennzahlen falsche Zielbezüge hergestellt werden (Helms 1995, S. 69).

4.1.5 Fazit

Im Personalbereich haben viele Unternehmen Berührungsängste, Kennzahlen einzusetzen. Dies wird häufig damit begründet, dass dort vieles schwer quantifizierbar ist. Das ist aber nur zum Teil richtig. Einerseits gibt es auch im Personalbereich viele quantitative Sachverhalte, die mit Hilfe von Kennzahlen hervorragend erfasst werden können (Siehe Abb. 4.1.2). Andererseits können einige dieser quantitativen Personalkennzahlen auch für Interpretationen qualitativer Werte wie z.B. Motivation oder Arbeitszufriedenheit dienen. Personalkennzahlen können durch die Ermittlung von Ursache-Wirkungszusammenhängen schrittweise Aussagen über qualitative Faktoren präzisieren und somit wahrscheinliche Interdependenzen aufzeigen. Somit haben Kennzahlen mit qualitativen Faktoren den Charakter einer Wahrscheinlichkeitsrechnung (wie Statistiken). Ohne die Quantifizierung der qualitativen Sachverhalte würde man also eine Entscheidung unter Unsicherheit treffen. Mit dem Einsatz von Personalkennzahlen wird man das Restrisiko auf ein Minimum reduzieren können. So kann man mit Kennzahlen auch qualitative Sachverhalte (überwiegend) quantifizieren. Die Ermittlung von Ursache-Wirkungszusammenhängen bei qualitativen Sachverhalten ist aber mit einigen Problemen behaftet. Einerseits ist dies sehr zeitaufwendig. Das größere Problem liegt aber in der Zuordnung der jeweiligen Ursachen. Es können mehrere Ursachen eine Wirkung hervorrufen. Wenn noch kein Personalkennzahlensystem besteht, fallen hohe Kosten für dessen Erstellung an. Die Instandhaltung und die Datenpflege werden weniger Kosten und Zeit beanspruchen, da es genügend Computerprogramme (Standardsoftware wie z.B. Excel und Personalcontrolling-Spezialsoftware wie z.B. die HR-Software von der HR Management Software GmbH) vorhanden sind. In Wirklichkeit scheuen viele Führungskräfte die Investitionen in die Transaktionskosten (=Die Kosten für die Erstellung und Pflege eines Kennzahlensystems). Diese werden sich als strategische Investitionen nur langfristig durch Reduzierung der Opportunitätskosten (= können bei eingeschränktem Personalcontrolling entstehen wenn dadurch Chancen verpasst werden, die entgangenen Nutzen darstellen) amortisieren, sich dann aber nur schwer den jeweiligen Maßnahmen zurechnen lassen.

Es ist durchaus einsichtig, dass Personalkennzahlen zur langfristigen Steigerung des Unternehmenserfolges beitragen können. Das Schaffen von Transparenz personalwirtschaftlicher Zusammenhänge und bereitstellen von Informationen für wichtige personalstrategische Entscheidungen sind Indizien hierfür. Bei dessen Einsatz sollte man nur gewisse Regeln einhalten. Es ist wichtig Personalkennzahlen nicht einzeln, sondern in einem System einzuführen. Sie sollten also in einer gewissen Beziehung zueinander stehen. Das eingeführte Kennzahlensystem sollte sich an die individuellen Gegebenheiten des jeweiligen Unternehmens anpassen. Die Personalkennzahlen sollten sich immer an die aktuellen Ziele der Personalwirtschaft anpassen. Sie müssen also kontinuierlich gepflegt werden. Eine gute Quelle für die Basisdaten von Personalkennzahlen können die Personaldaten darstellen, die die Lohn- und Gehaltsabrechnung führt. Der Nutzer darf nicht vergessen, dass das Kennzahlensystem nur ein Hilfsinstrument ist.

Sie treffen keine Entscheidungen und sie lassen Interpretationsspielräume zu. Man kann z.b. bei Soll/Ist-Vergleichen durch die Veränderung des Soll-Wertes die Kennzahlenwerte (positiv oder negativ) beeinflussen. Deswegen wird an den verantwortungsvollen Umgang mit Kennzahlen appelliert, um dessen Validität zu erhalten. Für das Personalwesen ist der Einsatz von Personalkennzahlen die Chance, sein Image im Unternehmen zu verbessern. Bisher wurde das Personal (finanzwirtschaftlich im Rechnungswesen) hauptsächlich als Kostenverursacher betrachtet (Personal wird nur als Aufwand und Kostengröße erfasst). Durch Eingliederung und Akzeptanz von Personalkennzahlen im Unternehmen werden z.b. Leistungspotenziale erfasst. Somit lässt es das Personal (und auch das Personalwesen) nicht als Kostenverursacher, sondern als Leistungsträger für das Unternehmen dastehen.

Letztendlich kann man die Personalkennzahlen als grundlegendes Instrument des Personalcontrolling sehen. Folgende Gründe sprechen dafür. Die Personalkennzahlen haben unter allen anderen Personalcontrolling Instrumenten eine besondere Stellung. Wie unter den Personalcontrolling Aufgaben die Aufgabe der Information (Siehe Kap. 3.3). Die Balanced Scorecard und das Benchmarking basieren auf Kennzahlen. Die qualitativen Instrumente wie z. B. die Mitarbeiterbefragung bedienen sich an Kennzahlen um ihre qualitativen Ergebnisse zu quantifizieren und somit transparenter zu gestalten. Der Hinweis auf immerhin wahrscheinliche Ursache-Wirkungszusammenhänge sowie die vielfachen Einsatzmöglichkeiten bei der Planung, Steuerung und Kontrolle der Personalwirtschaft lassen Kennzahlensysteme als ein grundlegendes Instrument des Personalcontrollings erscheinen.

4.2 Benchmarking

4.2.1 Ursprung, Merkmale und Definition

Frei übersetzt bedeutet Benchmarking das Setzen von Richtwerten. Der Ursprung des Benchmarking liegt im Logistikbereich. Der amerikanische Kopiergerätehersteller Xerox hatte Ende der 70er Jahre erhebliche Probleme mit dem japanischen Konkurrenten Canon (Immenroth 2000, S. 47; Schmidt-Brücken 1996, S. 27). Xerox sah es als notwendig, Prozessabläufe seines Unternehmens zu überdenken um wettbewerbsfähig zu bleiben. Deswegen verglich Xerox seine Logistik und Distribution mit dem kleinen Textilienversand L.L. Bean (Fleschhut 1997, S. 151). Hierbei stellte sich heraus, dass bei Bean der Prozess des Warenversandes (inklusive Bereitstellen der Waren aus dem Lager und Verpacken) mehr als dreieinhalbmal schneller ablief als bei Xerox (Schmidt-Brücken 1996, S. 20). Aufgrund dieser Erkenntnisse übernahm Xerox ein von Bean entwickeltes Computerprogramm (Barcode-Technik) für seinen Logistikbereich und steigerte damit dessen Effizienz auf signifikante weise (Schmidt-Brücken 1996, S. 20).

Benchmarking hat folgende Merkmale:

⇨ Benchmarking ist die systematische Suche nach den besten Ideen und deren Umsetzung im eigenen Unternehmen (Mollet/Egger 1995, S. 18).

⇨ Benchmarking vergleicht objektiv eigene Prozesse, Funktionen, Strategien, Organisationsstrukturen oder Produkte (Benchmarking-Objekte) mit denen der besten Vergleichspartner (Kienbaum 1997, S. 6; Wunderer/Jaritz 1999, S. 165; Küster/Liebchen 1995, S. 35; Fleschhut 1997, S. 150).

⇨ Benchmarking ist ein systematischer und kontinuierlicher Prozess (Schmidt-Brücken 1996, S. 26; Schmeisser/Paul 1999, S. 256).

⇨ Durch Benchmarking werden Zielgrößen („best practise"), die die Effizienz eines Unternehmens steigern können, ermittelt und angestrebt (Seelig 1995, S. 52; Kienbaum 1997, S. 17).

⇨ Benchmarking soll die Voraussetzung schaffen, die Ursache für die Defizite zu erkennen und Lösungsmöglichkeiten von den Vergleichspartnern abzuleiten (Wunderer/Jaritz 1999, S. 165; Kienbaum 1997, S. 6).

⇨ Beim Benchmarking werden die Vergleichsdaten mit den Partnern, im Gegensatz zur Konkurrenzanalyse oder sogar Werkspionage, offen ausgetauscht (Schmidt-Brücken 1996, S. 22; Kienbaum 1997, S. 6).

David T Kearns, Chief Executive Officer bei Xerox definiert Benchmarking wie folgt:

„Benchmarking ist der kontinuierliche Prozeß, Produkte, Dienstleistungen und Praktiken zu messen gegen den stärksten Mitbewerber oder die Firmen, die als Industrieführer angesehen werden" (Camp 1994, S. 13).

Diese Definition stammt aus den Entwicklungstagen des Benchmarking. Heutzutage kann man Benchmarking aber in verschiedenen Bereichen für verschiedene Objekte einsetzen. Deswegen ist es schwierig eine einheitliche Definition zu formulieren.

| Ein → | - kontinuierlicher
- ständiger
- langfristiger | → | - systematischer
- strukturierter
- analytischer | → | Prozess | → |

| zum | - Evaluieren
- Messen
- Vergleichen | der | - Praktiken
- Produkte
- Prozesse | von | -Unternehmen
- Institutionen
- Organisationen | → |

| die | - anerkannt
- bekannt
- identifiziert | als | - Best in Class
- best practises
- Representing | zum | - Vergleich
- Verbesserung
- Entwicklung |

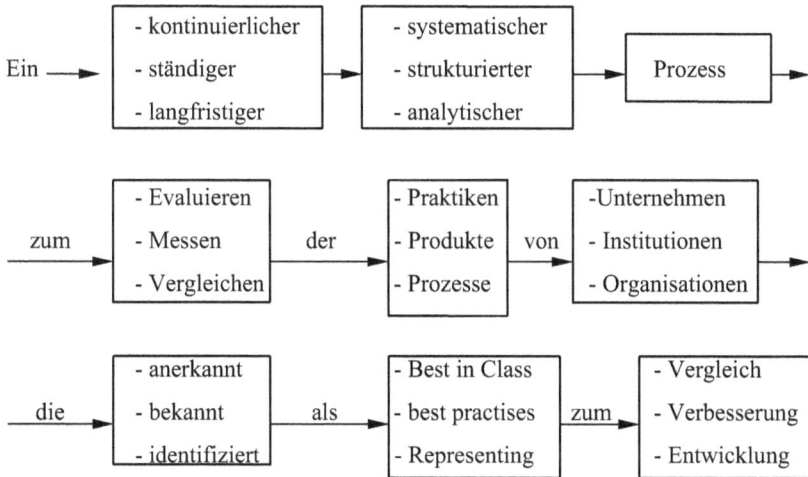

Abb. 4.2.1 Das Benchmarking Definitionsmenü
(Quellen: Schmeisser/Paul 1999, S. 257; Schmidt-Brücken 1996, S. 25)

Aus diesem Menü kann man z.b. folgende Definition zusammenstellen:

Benchmarking ist ein kontinuierlicher und systematischer Prozess zum Vergleichen der Arbeitsprozesse mit Unternehmen, die als die Besten identifiziert sind, zum Zweck der Aufdeckung von Leistungslücken (also Schwachstellen) und Beseitigung derer.

4.2.2 Der Benchmarking-Prozess

Dabei erfolgt der Benchmarking-Vergleich immer im Rahmen eines Prozesses (Mollet/ Egger 1995, S. 19). Für den Benchmarking-Prozess gibt es in der Literatur verschiedene Darstellungen. Bei näherer Betrachtung werden die Unterschiede aber nur in der Begriffsbezeichnung, der Anzahl und der Aufeinanderfolge der einzelnen Phasen festgestellt. Die Inhalte sind (nahezu) kongruent.

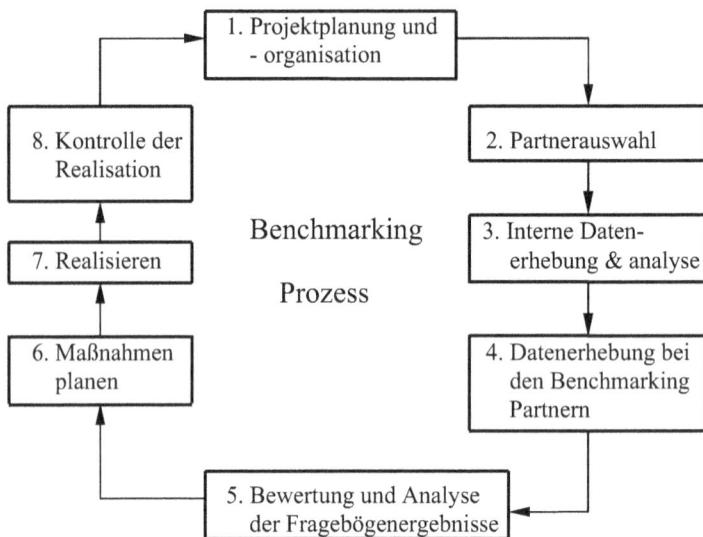

```
        ┌─────────────────────┐
   ┌───▶│  1. Projektplanung und │
   │    │     - organisation     │
   │    └─────────────────────┘
```

Abb. 4.2.2 Der Benchmarking-Prozess
(Quellen: Schmeisser/Protz 1999, S. 261; Krüger 1997, S. 122; Kienbaum 1997, S. 14
ff.; Camp 1994, S. 21)

Im Rahmen der Projektplanung und -organisation sollte zuerst ein Gegenstand
des Benchmarking, also ein geeignetes Objekt, bestimmt werden (Bröckermann
2001, S. 460; Schmeisser/Paul 1999, S. 261). Eine Entscheidungshilfe für die
Selektion des richtigen Objektes kann dessen Wettbewerbsfähigkeit, dessen
strategische Bedeutung für das Unternehmen oder dessen (ineffizienter) Res-
sourcenverbrauch sein (Schmidt-Brücken 1996, S. 62 ff.). Natürlich ist die
Auswahl der Objekte auch von dem jeweiligen Ziel des Projektes abhängig. Allgemeine Ziele des Benchmarking sind die Effizienzsteigerung hinsichtlich der
Kosten, der Qualität und der Zeit um die Wettbewerbsfähigkeit zu erhöhen
(Lück/Meurer 1999, S. 243). Benchmarking-Objekte sind u.a. Prozesse (z.B. die
Personalabrechnung von der Eingabe der Bewegungsdaten bis zum Versand der
Abrechnungen an die jeweiligen Mitarbeiter), Funktionen (z.B. die Perso-
nalentwicklung oder die Personalverwaltung) Strategien (z.B. Weiterbildungs-
strategien oder Outsourcingstrategien) und Organisationsstrukturen (z.B. zent-
rale oder dezentrale Personalarbeit) (Bröckermann 2001, S. 460). Es sollte eine
Arbeitsgruppe (aus unterschiedlichen Fachgebieten) gebildet werden, die für die
Konzeption und Umsetzung des gesamten Benchmarking-Prozesses verantwortlich ist (Mollet/Egger 1995, S. 19; Schmeisser/Paul 1999, S. 263). Die Projekt-
leitung sollte (wenn vorhanden) ein Mitarbeiter aus der Personalcontrolling-
Abteilung (eine Subabteilung des Personalwesens) übernehmen, weil dieser Erfahrung im Umgang mit den jeweiligen Instrumenten hat und auch die Objekti-

vität der Durchführung des Projektes am ehesten gewährleisten kann. Im Rahmen der Projektorganisation sollte auch ein Zeit- und Kostenplan erstellt werden.

Bei der richtigen Partnerauswahl ist auf dessen Vertrauens- und Kooperationswürdigkeit zu achten, da die Selektion der richtigen Benchmarking-Partner die Qualität der Benchmarking-Ergebnisse erheblich beeinflusst (Bröckermann 2001, S. 460; Schmeisser/Paul 1999, S. 264).

Die potenziellen Benchmarking Partner kann man nach deren Branchenzugehörigkeit wie folgt klassifizieren:

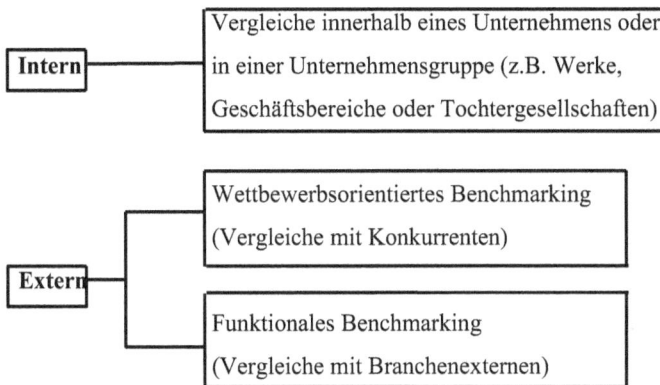

Abb. 4.2.3 Benchmarking-Arten
(Quellen: Schmeisser/Paul 1999, S. 260; Karlöf/Östblom 1994, S. 38; Bröckermann 2001, S. 460)

Beim internem Benchmarking werden innerhalb eines Unternehmens ähnliche Objekte zwischen gleichartigen Organisationen verglichen (Schmidt-Brücken 1996, S. 34). Das interne Benchmarking ist einerseits für große bzw. dezentral ausgerichtete Firmen besonders geeignet, weil hier die Möglichkeit besteht, innerbetriebliche Prozesse und Funktionen durch Modifikationen auf das höchstmögliche innerbetriebliche Leistungsniveau anzuheben (Schmeisser/Paul 1999, S. 258). Andererseits ist es für alle Unternehmen geeignet, die zum ersten mal ein Benchmarking-Projekt durchführen (learing by doing). Weil sich internes Benchmarking auf die eigene Organisation beschränkt, ist der Zugang zu den erforderlichen Informationen unproblematisch (Bröckermann 2001, S. 461; Karlöf/Östblom 1994, S. 62). Auch die Qualität der Daten kann leicht überprüft werden (Schmidt-Brücken 1996, S. 35). Jedoch werden die hier aufgedeckten Leistungslücken meist nur moderat ausfallen, weil größere Defizite auch ohne explizites Benchmarking aufgefallen wären und weil der Anstoß zu Innovationen fehlt (Karlöf/Östblom 1994, S. 63; Schmidt-Brücken 1996, S. 35). Des weiteren werden systeminterne Schwächen nicht aufgedeckt (Schmidt-Brücken

1996, S. 35). Internes Benchmarking soll wegen seiner einfacheren Durchführungsmöglichkeit externes Benchmarking nicht ersetzen. Es soll als erster Schritt zum Erreichen von Bestleistungen im Unternehmen genutzt werden (Bröckermann 2001, S. 461). Denn ohne gute Kenntnisse der eigenen Prozesse und Funktionen können keine produktiven externen Vergleiche durchgeführt werden (Littmann 1997, S. 299).

Beim wettbewerbsorientiertem Benchmarking werden die Vergleiche mit Unternehmen aus der Konkurrenz durchgeführt (Schmidt-Brücken 1996, S. 36). Beim konkurrenzbezogenem Benchmarking besteht eine hohe Vergleichbarkeit der Prozesse und Funktionen, da sie meist den gleichen Wettbewerbssituationen ausgesetzt sind. Generell kann es aber problematisch sein, Benchmarking-Partner aus der Konkurrenz zu finden, die sich „in die Karten" schauen lassen. Und wenn man doch Partner findet, ist trotzdem die Qualität der erhobenen Daten in Frage zu stellen, weil diese einerseits beschönigt sein können (durch falsche Datenerhebung) und andererseits ein grosses Vertraulichkeitsproblem besteht (Schmidt-Brücken 1996, S. 36). Die international tätigen Unternehmensberater B. Karlöf und S. Östblom sehen bei den Unternehmen die größte Bereitschaft für ein konkurrenzbezogenes Benchmarking der Funktionen und Prozesse, die am Rande des eigentlichen Kerngeschäfts liegen (Karlöf/Östblom 1994, S. 65). Im Personalbereich wären das z.B. die Entgeltabrechnung oder der Einstellungsprozess.

Funktionales Benchmarking wird zwischen branchenexternen Unternehmen durchgeführt. Hier sollten schon Ähnlichkeiten in den Objekten (z.B. Prozesse, Funktionen oder Organisationen) vorhanden sein, um nicht „Äpfel mit Birnen" zu vergleichen (Karlöf/Östblom 1994, S 65). Wunderer/Jaritz sehen hier einen besonderen Vorteil für das Personalwesen, weil dieser als indirekter Leistungsbereich nicht unbedingt auf branchenspezifische Informationen angewiesen ist (Wunderer/Jaritz 1999, S. 165). Das branchenexterne Benchmarking birgt Potenziale für bahnbrechende Erfoge. Es können neue Einsichten und Kenntnisse zum radikalen Wandel der Tätigkeit führen (Karlöf/Östblom 1994, S. 67). Hier ist das Vertrauensverhältnis am größten und somit die Basis für die Qualität der Benchmarking Daten gegeben. Somit können z.B. innovative Ideen (aus einer anderen Branche) die implementiert werden, die zu einer Vorreiterstellung in der eigenen Branche führen und immense Wettbewerbsvorteile gegenüber der Konkurrenz schaffen (Schmeisser/Paul 1999, S. 260). Im branchenexternen Benchmarking steckt also das größte Potenzial um Leistungslücken (Gaps) zu entdecken und signifikante Verbesserungen in der eigenen Unternehmensstruktur zu erzielen. Die volle Wirkungskraft der Benchmarking-Methode wird also erst hier entfaltet.

Die Datenerhebung und Analyse sollte zuerst im eigenen Unternehmen erfolgen. Erst durch die Eigenanalyse lässt sich erkennen, welche Informationen für den Vergleich nötig oder sinnvoll sind (Schmidt-Brücken 1996, S. 64). Hier werden Kennzahlen und Koeffizienten aufgestellt, die nachher als Vergleichsmaßstab (Benchmarks) dienen, um Leistungslücken (Gaps) aufzudecken. Für welchen Benchmark man sich entscheidet, hängt natürlich auch von den Zielen des

Benchmarking Projektes ab. Wenn das Ziel für den Personalbeschaffungsprozess z.B. die Optimierung der Kosten ist, kann man als Leistungsbemessungsgröße z.B. die Gesamtkosten pro eingestelltem Bewerber je Teilprozess auswählen. Für den Erfolg des Benchmarking Projektes ist es auch von Vorteil, wenn man gut vorbereitet ist und z.b. die Fragen die man später seinen Partnern stellt auch selber beantworten kann (Littmann 1997, S. 300). Als qualitatives Datenerhebungsinstrument (intern und extern) werden strukturierte Fragebögen eingesetzt (Aldering 1997, S. 187). Quantitative und quantifizierbare Objektbestandteile können mit Kennzahlen erfasst werden (DGfP 2001, S. 51). Die unternehmensinterne Beantwortung des Fragenkataloges und die Ergebnisse der Ist-Erfassung (in Form von Kennzahlen) bilden die Vergleichsmaßstäbe für den Informationsaustausch mit den Benchmarking-Partnern (Schmeisser/Paul 1999, S. 264). Der Aufbau des Fragenkataloges beeinflusst die Qualität des gesamten Benchmarking-Prozesses erheblich (Schmeisser/Paul 1999, S. 269). Die Beantwortung der Fragen (von beiden Benchmarking-Teilnehmern) dient außerdem der Bewertung der Vergleichbarkeit der unterschiedlichen Bedingungen und trägt somit zum besseren Verständnis der identifizierten Leistungsunterschiede bei (Schmeisser/Paul 1999, S. 269). Um eine rationale Bearbeitung und Auswertung der Fragebögen zu gewährleisten und um eine Datenüberflutung zu vermeiden, sollte bei dessen Konzipierung auf eine möglichst prägnante Form geachtet werden (Küster/Liebchen 1995, S. 111; Aldering 1997, S. 187). Mögliche Formen der prägnanten Fragestellungen sind (Küster/Liebchen 1995, S. 111):

- Die Zahlenwertfragen

- z.B. Wie viele Mitarbeiter beschäftigt Ihre Personalverwaltungsabteilung ?

- Die Stichwortfragen

- z.B. Welches ist Ihre größte Belegschaftsgruppe (z.B. Angestellte) ?

- Die Multiple Choice Fragen (Mehrere Auswahlmöglichkeiten)

- z.B. Welche Weiterbildungsmaßnahmen bieten Sie Ihren Mitarbeitern an ?

- Die Bewertungsskala

-   z.B. Wie bewerten Sie das Ansehen der Personalbetreuungsabteilung ?

- Die Kombination von Zahlenwert und Multiple Choice Fragen

- z.B. In welchen Bereichen schulen Sie wie viele Mitarbeiter ?

Als nächstes müssen die erhobenen Daten bewertet und analysiert werden. Der best practise wird durch einen wertenden Vergleich angestellt (Bröckermann 2001, S. 461). Die Analyse der Leistungsdifferenzen beinhaltet:

⇨ Positionierung anhand der Benchmarks (Wo stehen wir ?) (DGfP 1996, S. 26)

⇨ Die Herausarbeitung der Ursachen für die Abweichungen in den Objekten zwischen dem eigenen Unternehmen und den Benchmarking Partnern.

⇨ Identifikation der Methoden, die ursächlich für die Bestleistungen verantwortlich sind.

⇨ Die Bewertung hinsichtlich der Umsetzbarkeit der Verbesserungsansätze in der betrieblichen Praxis (Unter welchen Voraussetzungen kann der gebenchmarkte Prozess ebenso effektiv ausgeführt werden ?).

Um die gesammelten Informationen und erhobenen Werte auch optimal auszuwerten, sollte es Bestandteil eines jeden Benchmarking-Projektes sein, die Ergebnisse mit den Partnern zu besprechen, um Unklarheiten auszuräumen (Mollet/Egger 1995, S. 19).

Danach ist ein Maßnahmenplan zu erstellen. Dieser sollte alle Einzelprojekte enthalten die durchgeführt werden müssen, um die gesamte ermittelte Leistungslücke zu schließen (Fleschhut 1997, S. 156). Für die Durchführung einzelner Maßnahmen sollten Verantwortliche und der zeitliche Horizont bestimmt werden (Schmeisser/Paul 1999, S. 272). Ziel der Realisation sollte es sein, möglichst schnell Anfangserfolge zu erzielen, weil diese motivierend auf das Angehen komplexer Veränderungen wirken (Schmeisser/ Paul 1999, S. 272). Da sich im Zuge der Globalisierung (dynamische Märkte) und in Anbetracht des rasanten technologischen Fortschrittes die Rahmenbedingungen auch für das Personalmanagement ständig ändern, ist eine permanente Verbesserung notwendig (Schmeisser/Paul 1999, S. 272). Sonst besteht die Gefahr, dass aktuelle Bestleistungen schnell unter die Standardgrenze fallen (Immenroth 2000, S. 48). Eine Bestleistung von heute garantiert diese nicht für die Zukunft (aber erhöht dessen Chancen). Benchmarking sollte also (im Idealfall) einen kontinuierlichen Prozess darstellen.

4.2.3 Praxisbeispiele Benchmarking-Personal

Das Frauenhofer Institut für Arbeitswissenschaft und Organisation führte ein funktionales (branchenübergreifendes) Benchmarking durch, an dem sieben Unternehmen (mit unterschiedlicher Belegschaftsgröße) teilnahmen. Vergleichsmaßstab war der Personalbetreuungskoeffizient (=Anzahl der eingesetzten Personalmitarbeiter pro Tausend zu betreuender Mitarbeiter) (Bading/Ulbricht 1995, S. 23). Für den Prozess der Lohn- und Gehaltsabrechung wurden Betreuungskoeffizienten von 0,6 - 7,7 Personalmitarbeiter je 1000 Mitarbeiter ermittelt (Bading/Ulbricht 1995, S. 23). Beim Vergleich der ermittelten Koeffizienten konnten weder die unterschiedlichen Belegschaftsgrössen noch die verschiedenen Branchenzugehörigkeiten als die Ursachen für die teilweise erheblichen Abweichungen vom best practise identifiziert werden (Bading/ Ulbricht 1995, S. 23). Als Hauptursachen für diese Abweichungen vom best practise konnten einerseits der Einsatz der EDV und andererseits die Organisationsform der Entgeltabrechnung ausgemacht (bzw. vermutet) werden (Bading/ Ulbricht 1995, S. 23). Das Unternehmen mit dem best practise-Wert (und noch ein anderes mit einem guten Koeffizientenwert) hatten ihre Abläufe (in der Lohn- und Gehaltsabrechnung) durch den Einsatz eines SAP-Systems standardisiert und Teile ihrer Entgeltabrechnung outgesourct (Bading/Ulbricht 1995, S. 24). Outgesourct wurde in eine Servicegesellschaft, die sich auf Abrechnungsaufgaben spezialisiert hatte (Bading/Ulbricht 1995, S. 24). Die Verminderung von administrativen Aufgaben durch Outsourcing und Standardisierung von sich wiederholenden Prozessen (durch richtigen EDV einsatz) wirkte sich positiv auf die Effizienz der Entgeltabrechnungsprozesse aus. Die Betreuungsfaktoren für die qualitative Personalfunktionen (u.a. Personalbetreuung und Personalentwicklung) schwankten zwischen 0 - 5,6 Personalmitarbeitern je 1000 Mitarbeiter (Bading/Ulbricht 1995, S. 24). Dieser ist aber im Gegensatz zum quantitativen Wert nur sehr beschränkt aussagefähig (Problem der Quantifizierung qualitativer Werte). Denn immer, wenn die Kennziffern qualitative Objekte bewerten sollen, müssen auch strategische Überlegungen mit einfliessen (Seelig 1995, S. 54). Bei rein quantitativen zu bewertenden Objekten (wie der Prozess der Entgeltabrechnung) ist die Interpretation relativ einfach. Der best practise sollte der niedrigste Wert sein, der die Abrechnung noch korrekt durchführt. Also so wenig Personalmitarbeiter wie möglich sollten so viele Entgeltabrechnungen wie möglich korrekt bearbeiten. Die Ermittlung des optimalen Betreuungskoeffizienten für qualitative Personalfunktionen wie die Personalentwicklung (z.b. Qualitätssteigerung in der betrieblichen Personalentwicklung) ist dagegen mit einigen Problemen behaftet. Dies ist damit verbunden, weil die ermittelten Koeffizienten statische Ist/ Ist-Vergleichswerte darstellen. Die qualitativen Objekte aber dynamische, strategische Bestandteile beinhalten, die nur schwer mit einfachen Koeffizienten oder Kennzahlen zu interpretieren sind. Das Frauenhofer Institut kam nach der Durchführung des o.g. Benchmarking Projektes zu dem Fazit, dass die Aufwendungen für administrative Tätigkeiten reduziert werden müssen (u.a. durch Standardisierung und/oder Outsourcing) und der Schwerpunkt der Personalarbeit auf die qualitativen Personalaufgaben zu legen sind (weil diese einen wesentlich größeren Beitrag für die Zukunftssicherung einer Belegschaft leisten) (Bading/Ulbricht 1995, S. 26).

Die Deutsche Gesellschaft für Personalführung (DGfP) führte ein ähnliches Benchmarking-Projekt durch. Die Benchmarking-Objekte waren die einzelnen Personalfunktionen (u.a. Personalabrechnung und Personalbetreuung). Es nahmen 25 Unternehmen aus neun verschiedenen Branchen an dem Benchmarking-Projekt teil (DGfP 1996, S. 33; Pichert 1997, S. 37) . Von den teilnehmenden Unternehmen wollte man wissen, wieviele Mitarbeiter sie zur Erledigung personalwirtschaftlicher Aufgaben einsetzten (und zwar jeweils unterteilt nach Personalfunktionen) (Pichert 1997, S. 37; DGfP 1996, S. 57).

Man ermittelte u.a. für die Funktion der Personalabrechnung Betreuungskoeffizienten zwischen 1,4 - 13 Personalmitarbeitern je 1000 Mitarbeiter, wobei der best practise bei 2,5 Personalmitarbeitern je 1000 Mitarbeiter ermittelt wurde (DGfP 1996, S. 41; Seelig 1995, S. 57; Bröckermann 2001, S. 462). Des weiteren stellte man fest, dass von allen Personalbeschäftigen 42 % in der Personalverwaltung (inklusive Entgeltabrechung) tätig waren (DGfP 1996, S. 35). Innerhalb der Personalverwaltung bindete die Entgeltabrechung die meisten Mitarbeiter (Seelig 1995, S. 56). Auch die DGfP kam nach dem Benchmarking-Projekt zu der Vermutung, dass der Grad der EDV Durchdringung in der Lohn- und Gehaltsabrechnung, die Überprüfung der Effektivität der Arbeitsprozesse oder das Outsourcing von administrativen Tätigkeiten sich positiv auf die Effizienz der Funktionen der Entgeltabrechung auswirken können (Seelig 1995, S.

59). Sowohl das Frauenhofer Institut als auch die Deutsche Gesellschaft für Personalführung hatten sich für die Personalbetreuungskoeffizienten als Leistungsbemessungsgrundlage entschieden. Natürlich können auch noch andere Kennzahlen für Vergleichszwecke herangezogen werden. Beispielsweise kann man die Gesamtkosten pro Abrechung (oder je Mitarbeiter) oder den Anteil der fehlerhaft ausgegebenen Personalabrechung an allen Personabrechungen als Bemessungsgrundlage nehmen (Pichert 1997, S. 23).

4.2.4 Vor- und Nachteile

Die Benchmarking Methode hat folgende Vorteile:

⇨ Durch Benchmarking hat man die Möglichkeit, sich zu orientieren, also eine Standortbestimmung festzulegen, um den zukünftigen Kurs der Firma zu bestimmen (Seelig 1995, S. 52; DGfP 1996, S. 26).

⇨ Benchmarking identifiziert eigene Schwachstellen und Leistungslücken durch aufzeigen der Leistungsstandards des Besten (Schmeisser/ Paul 1999, S. 274; Immenroth 2000, S. 47).

⇨ Weil durch Benchmarking die Möglichkeit besteht, schnell und kostengünstig von den anderen zu lernen, kann man die Ressourcen für die Entwicklung echter Innovationen nutzen (Kienbaum 1997, S. 7).

⇨ Durch Benchmarking können einzelne betriebliche Objekte focussiert analysiert werden (Immenroth 2000, S. 47).

Diesen Vorteilen stehen folgende Nachteile gegenüber:

⇨ Die Durchführung eines Benchmarking Prozesses ist zeit- und arbeitsintensiv und somit auch kostenintensiv (Schmeisser/Paul 1999, S. 274).

⇨ Ein grundsätzliches Problem beim Benchmarking sind die gegenwarts- und vergangenheitsbezogenen Daten, während man eigentlich zukunftsbezogen handeln möchte (Krüger 1997, S. 121).

⇨ Die Benchmarking-Methode kann die eigene Kreativität abstumpfen lassen, weil man sich auf das Abkupfern von bereits bestehenden Modellen konzentriert (Kienbaum 1997, S. 7).

⇨ Die Vergleichbarkeit von verschiedenen Unternehmen ist nicht vollständig sicherzustellen (Kienbaum 1997, S. 7; Krüger 1997, S. 121; Schmeisser/ Paul 1999, S. 273).

⇨ Bei externem Benchmarking ist die Qualität der erhobenen Daten anzuzweifeln, da öfters masslos übertrieben oder sogar falsch berichtet wird (Wimmer/Neuberger 1998, S. 572).

⇨ Der Erfolg des Benchmarking-Projektes ist nicht vorhersehbar.

4.2.5 Fazit

Für Kritiker, die die Existenzberechtigung des Benchmarking generell anzweifeln ziehen Karlöf und Östblom (Karlöf/Östblom 1994) einen interessanten volkswirtschaftlichen Vergleich. Die Japaner haben seit Ende des zweiten Weltkrieges überragende wirtschaftliche Erfolge erzielt, in dem sie Produkte, Prozesse und Qualitätsstandards erfolgreicher Nationen studierten (kopierten) und sie dann übertrafen (Karlöf/Östblom 1994, S. 14). Trotz Rohstoffmangel (bis auf Wälder und die Fischerei) hat Japan eines der höchsten Lebensstands auf der Welt verwirklicht. Russland dagegen hat Rohstoffe aller Art (z.b. Diamanten, Gold, Öl, Uran, Wälder, etc.). Es hat sich aber nach dem zweiten Weltkrieg in seiner kommunistischen Planwirtschaft nicht geöffnet und keine offenen Vergleiche mit den Besten durchgeführt (Karlöf/Östblom 1994, S.14). Heute ist Russland nicht mal in der Lage, die Grundbedürfnisse der eigenen Bevölkerung zu befriedigen. Dieses (zugegeben weit hergeholte) Beispiel zeigt trotzdem die Chancen, die durch Vergleiche mit den Besten entstehen können. Im Personalbereich ist das Benchmarking sehr gut für die Erhöhung der Wirtschaftlichkeit bei quantitativen Objekten geeignet. Dies kann z. B die Optimierung der Arbeitsabläufe in der Personalverwaltung oder die Optimierung der Personalkosten für den Personalbeschaffungsprozess durch systematische Vergleiche sein. Wenn die Vergleichbarkeit der Daten gegeben ist, können sogar operativ Erfolge erzielt werden. Da die Leistungsbeurteilungsgrößen (u.a. Kennzahlen oder Koeffizienten) quantitativen Charakter haben, ist die Interpretation von qualitativen Objekten (z.B. die betriebliche Weiterbildung) nicht sehr einfach. Im Gegensatz zu dem Kennzahlensystem (Kapitel 4.1) wird hier die Analyse zusätzlich dadurch erschwert, weil es sich beim Benchmarking-Instrument hauptsächlich um einen Ist/Ist-Vergleich handelt (also statisch). Deswegen ist es besonders in der Personalwirtschaft wichtig das Benchmarking Instrument kontinuierlich einzusetzen. Durch eine kontinuierliche Durchführung wird auch die Analyse der qualitativen Objektgegenstände erleichtert, weil man so auch Zeitreihenvergleiche durchführen kann. Jedoch sind die Ergebnisse manipulierbar, indem man solche Benchmarks auswählt, die einen bewusst gut oder schlecht dastehen lassen. Die Einführung einer konkreten Stelle zur Durchführung der Benchmarking-Projekte ist damit zu legitimieren, dass das Instrument (wegen seiner Systematik und Kontinuität) sehr zeitintensiv ist, für die erfolgreiche Durchführung Fachkenntnisse voraussetzt und auch die Objektivität der Durchführung so am ehesten gewährleistet ist. Wenn das Benchmarking-Projekt z.B. von dem Personalleiter durchgeführt wird, könnte es irgendwann vernachlässigt werden, weil kurzfristig andere wichtigere Aufgaben auftreten. Ein solches Verhalten würde den ganzen Erfolg des Projektes gefährden. Die Volkswagen AG hat 1995 die VW Coaching Gesellschaft gegründet, um das Benchmarking-Modell einzuführen (Mollet/ Egger 1995, S. 18). Weil das Benchmarking eben sehr zeit- und arbeitsintensiv ist, ist es für kleinere und mittlere Unternehmen weniger, sondern eher für große und dezentral ausgerichtete Firmen geeignet. Für die großen Firmen bietet das Benchmarking (wegen des großen internen Verbesserungspotenzials) eine Chance, die Effizienzen (u. auch die Effektivität) der Personalprozesse, Personalstrategien, Personalfunktionen oder der Personalorganisationsstrukturen zu optimieren und somit die Wettbewerbsfähigkeit des gesamten Konzerns zu steigern. Grosse Unternehmen können auch die Transaktionskosten für einen Benchmarking Prozess besser kompensieren. Wenn kleine und mittlere Unternehmen trotz hoher Transaktionskosten nicht auf die Vorteile des Benchmarking verzichten wollen, können sie auch „step by step" vorgehen. Die Identifikation des Klassenbesten und die Umsetzung der besten Ergebnisse im eigenen Unternehmen ist mit höherem Aufwand verbunden. Deswegen sollten kleine und mittlere Unternehmen sich erst am Branchenstandard messen, dann am Branchenführer, dann am Klassenbesten und dann versuchen selber Maßstäbe zu setzen. Generell sollte man beim Benchmarking einige Grundsätze beachten, wenn man nicht einen Misserfolg vorprogrammieren will. Besonders wichtig ist die Wahl der richtigen Vorgehensweise (u.a. Objekt, Partner und Fragebögen) und die Informationsbereitschaft (bzw. Offenheit) aller beteiligten Benchmarking-Partner, da ansonsten die Gültigkeit der ermittelten Werte und somit auch der Nutzen des ganzen Projektes in Frage zu stellen sind. Die Durchführung eines Benchmarking macht nur Sinn, wenn man aus den neuen analysierten Erkenntnissen auch Konsequenzen zieht (also Maßnahmen einleitet). Da der Personalbereich nicht direkt dem Wettbewerb ausgesetzt ist, kann internes Benchmark-ing bei den Mitarbeitern den positiven Effekt haben, dass es einen Motivationsanstoß (Ansporn) zur Leistungsverbesserung zur Folge hat. Durch die Benchmarking Ergebnisse entsteht ein künstlicher Wettbewerb. Jeder Standort will besser sein und ändert ihre eingefahrenen Verhaltensweisen. Das Personalwesen ist weniger auf branchenspezifische Informationen angewiesen und ist als indirekter Leistungsbereich gut geeignet, um eine Kooperation mit mehreren (externen) Benchmarking-Partnern zu schließen. Dabei sollte ein standardisiertes Benchmarking entwickelt werden, dass für verschiedene Projekte einsetzbar ist. Die branchenspezifische Unabhängigkeit der Information hat den Vorteil, dass man mit branchenexternen Partnern kooperieren kann (bieten größere Innovationspotenziale und gewährleisten auch eine bessere Datenqualität (Kapitel 4.2.2). Eine langfristige Kooperation sorgt für eine kostengünstigere Durchführung der Projekte (durch Erfahrung und Standardisierung dessen) und erhöht zusätzlich die Vertrauensbasis untereinander. Diese Vorgehensweise kann für qualitative Personalobjekte am ehesten einen positiven Beitrag zum Unternehmenserfolg leisten, weil durch die langfristigen Vergleiche eine bessere Interpretation der erhobenen Daten möglich ist. Benchmarking ist also eine umfassende Methode, die sich verschiedener Instrumente bedient (Kennzahlen und Befragungen). Benchmarking als Instrument des Personalcontrolling kann durch Optimierung der Effizienz (der Kosten, der Zeit und der Qualität) die Wettbewerbsfähigkeit erhöhen und somit einen positiven Beitrag zum Unternehmenserfolg leisten. Um diese für die qualitativen Personalobjekte (z.B. Personalentwicklung) zu erreichen, müssen die Projekte akribisch durchgeführt werden und langfristig angelegt sein. Denn so wie in der Finanzwirtschaft eine von den vier goldenen Finanzierungsregeln lautet „Langfristiges nur langfristig finanzieren" gilt auch hier für die qualitativen Personalobjekte, dass sie nur strategisch durch Effizienzsteigerung einen Beitrag zum Gewinn leisten können. Man darf nie vergessen, dass Benchmarking nur Hinweise aber keine Lösungen vorgibt, es soll sozusagen „die Augen öffnen", wo man steht und wie es die anderen machen.

4.3 Balanced Scorecard

4.3.1 Herkunft, Merkmale und Definition

Die Balanced Scorecard wurde Anfang der 90er Jahre von R.S. Kaplan und D.P. Norton in einem Forschungsprojekt entwickelt und könnte in der deutschen Übersetzung „ausgewogene Ergebnistafel" heißen (DGfP 2001, S. 179). Sie sahen dessen Erarbeitung als notwendig, weil einerseits die traditionellen Kennzahlensysteme zur Steuerung eines Unternehmens sehr finanzlastig und vergangenheitsorientiert waren und andererseits Defizite bei der Umsetzung von Strategien in konkrete Aktionen bestanden (Schulte 2002, S. 101; Dahmen/ Maier/Kamps 2000, S. 18; Ackermann 2000, S. 15). Insbesondere nur die Reflektion vergangener Ereignisse reichte für eine moderne Unternehmensführung im Informationszeitalter nicht mehr aus (Immenroth 2000, S. 42).

Charakterspezifische Merkmale einer Balanced Scorecard sind:

- Verknüpfung von vergangenheitsorientierten Finanzkennzahlen mit zukunftsorientierten Leistungsperspektiven (Wickel-Kirsch 1999, S. 70).

- Strikte Ausrichtung an der Strategie (Immenroth 2000, S. 47).

- Verknüpfung der Bewertung des Unternehmens aus verschiedenen Perspektiven (Mehrdimensionalität) (DGfP 2001, S. 180).

- Operationalisierung von Vision und Strategie (Tonnesen 2000, S. 80; Immenroth 2000, S. 47; DGfP 2001, S. 180; Reupert/Wenisch 2000, S. 38).

- Identifikation von Ursache-Wirkungsketten (Ackermann 2000, S. 15ff.).

Wunderer und Jaritz (1999, S.332) sehen das Besondere der Balanced Scorecard nicht darin, nicht finanzielle Kennzahlen mit einzubeziehen, sondern in der konsequenten Orientierung an der Unternehmensstrategie aus vier verschiedenen Perspektiven. Die Balanced Scorecard ist ein Strategieinstrument es soll die Strategie operationalisieren. Ackermann (2000, S. 18) definiert Balanced Scorecard wie folgt:

> „Mit dem Begriff Balanced Scorecard wird ein strategisches Managementsystem bezeichnet, das eine ganzheitliche Steuerung des Unternehmens durch ausgewogene Berücksichtigung aller erfolgsrelevanten Perspektiven bzw. Dimensionen ermöglicht. Sie bildet den Rahmen zur Umsetzung der Vision und Strategie in Aktionen."

4.3.2 Das Balanced Scorecard-Konzept

Die Balanced Scorecard misst die Leistung des Unternehmens aus (vier) verschiedenen Perspektiven: der finanziellen Perspektive, der Kundenperspektive,
der internen Prozessperspektive und der Lern- und Entwicklungsperspektive
(Kaplan/Norton 1997, S. 2; Kunz 2001, S. 19; Wunderer/Jaritz 1999, S. 330;
Immenroth 2000, S. 42; Wickel-Kirsch 1999, S. 70; Reupert/Wenisch 2000, S.
38).

Das Standardmodell der Balanced Scorecard von Kaplan und Norton wird nachfolgend dargestellt:

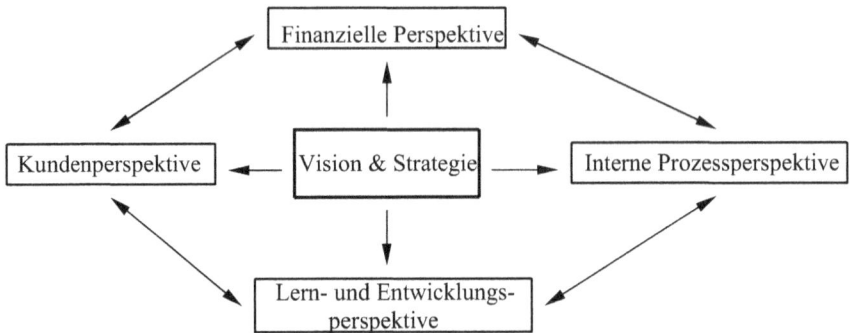

Abb. 4.3.1 Die Balanced Scorecard
(Quelle: Kaplan/Norton 1997, S. 9).

Die Balanced Scorecard orientiert sich an der Vision und Strategie des Unternehmens und setzt die Vision und Strategien in Aktionen um (Ackermann 2000,
S. 13). Die Vision ist ein klares Bild von der Zukunft, die das Unternehmen erreichen möchte, die Strategie beinhaltet die langfristigen Ziele des Unternehmens. Die Balanced Scorecard soll die Strategie operationalisieren, dazu wird
die Strategie in den vier Perspektiven in konkrete Ziele, Kennzahlen, Sollvorgaben und Maßnahmen umgesetzt (Ackermann 2000, S. 22). Die Operationalisierung der Strategie erfolgt für alle vier Perspektiven nach dem gleichen Schema.
Zunächst werden die Perspektivenziele definiert, dann werden Kennzahlen für
jedes Perspektivenziel festgelegt und Sollvorgaben für diese Kennzahlen bestimmt (DGfP 2001, S. 180). Anschließend werden Maßnahmen geplant, um
diese angestrebten Vorgaben zu erreichen.

Die Perspektiven in der Abbildung 4.3.1 sind nicht isoliert zu betrachten, sondern durch Ursache-Wirkungszusammenhänge miteinander zu verknüpfen (A-
ckermann 2000, S. 20). Die finanzielle Perspektive hat dabei eine besondere
Stellung gegenüber allen anderen Perspektiven, da letztendlich alle Maßnahmen
(direkt oder indirekt) einen positiven finanziellen Beitrag zum Unternehmenserfolg leisten müssen. Als direkte Leistungstreiber der finanziellen Perspektive

dienen die Kundenperspektive (Zufriedene Kunden beeinflussen das finanzielle Ergebnis positiv) und die interne Geschäftsprozessperspektive (durch Optimierung der Prozesse) (Kunz 2001, S. 20 ff.; Wunderer/Jaritz 1999, S. 341). Zwischen der Lern- und Entwicklungsperspektive und der finanziellen Perspektive gibt es i.d.R. nur einen indirekten Ursache-Wirkungszusammenhang. Zufriedene und gut ausgebildete Mitarbeiter haben eine höhere Dienstleistungsqualität, die die Kundenzufriedenheit positiv beeinflusst (und zufriedene Kunden haben z.b. die Verbesserung der Umsatzrendite zur Wirkung) (Kunz 2001, S. 20 ff; Wunderer/Jaritz 1999, S. 341).

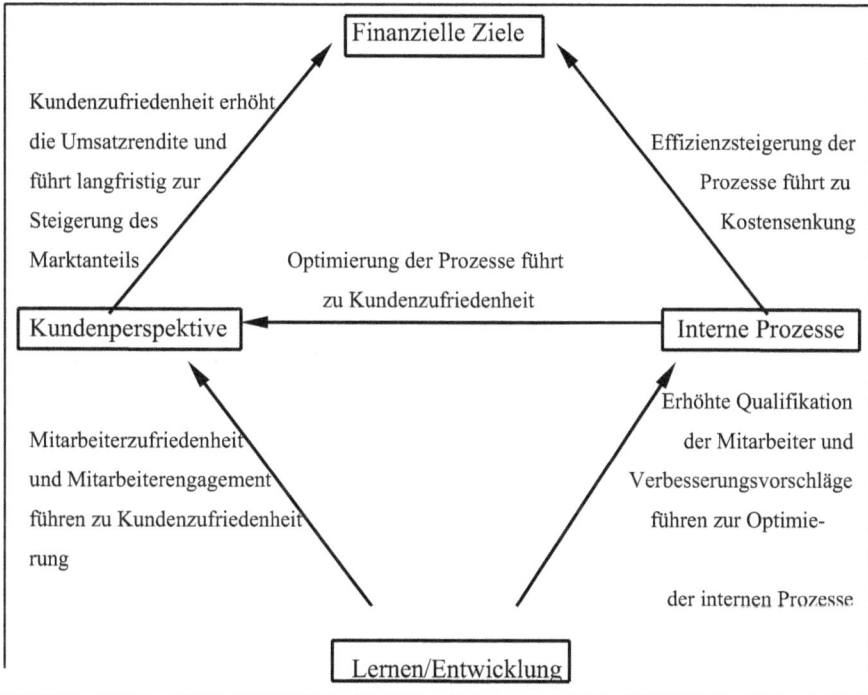

Abb. 4.3.2 Mögliche Ursache-Wirkungs Zusammenhänge
(Quellen: Kunz 2001, S. 22; Wunderer/Jaritz 1999, S. 341)

Zu erwähnen sei noch, dass die Ursache-Wirkungszusammenhänge subjektive Einschätzungen sind (der jeweiligen verantwortlichen Mitarbeiter). Es handelt sich also um hypothetisch bestehende Kausalbeziehungen (Reupert/Wenisch 2000, S. 42; Kunz 2001, S. 22). Die finanzielle Perspektive soll darüber informieren, ob die Implementierung der Strategie zur Ergebnisverbesserung führt (Schulte 2002, S. 101). Deshalb definiert die finanzielle Perspektive einerseits die finanzielle Leistung, die von der Strategie erwartet wird, andererseits dient sie als Endziel für die Ziele und Kennzahlen aller anderen Perspektiven (Kaplan/

Norton 1997, S. 46; Ackermann 2000, S. 27). Strategische Ziele der finanziellen Perspektive sind z.b. Kostensenkung, Umsatzwachstum oder z.b. Steigerung des Shareholder Value (Kaplan/Norton 1997, S. 47ff; Ackermann 2000, S. 27). In der Kundenperspektive können z.b. die Erhöhung der Kundenzufriedenheit, der Kundentreue oder der Kundenrentabilität Zielsetzungen sein, wovon Kennzahlen, Sollwerte und Maßnahmen abgeleitet werden (Kaplan/Norton 1997, S. 66; Ackermann 2000, S. 28). Neben der Kundenperspektive ist die Berücksichtigung der internen Prozessperspektive die zweite wichtige Neuerung der Balanced Scorecard gegenüber traditionellen, finanzlastigen Steuerungssystemen. Die interne Prozessperspektive umfasst die effiziente und effektive Ausübung der Unternehmenstätigkeit (Wunderer/Jaritz 1999, S. 333). Typische Ziele der internen Prozessperspektive sind z.b. die Verkürzung der Prozesszeiten, die Verbesserung der Prozessqualitäten oder die Senkung der Prozesskosten (Ackermann 2000, S. 31). Kaplan und Norton (1997, S. 93) haben ein Wertkettenmodell entwickelt, das verstärkt die notwendige Kundenorientierung als Ausgangspunkt und Endpunkt aller Geschäftsprozesse betont (Kaplan/Norton 1997, S. 93). Unter Wertkette versteht man die Gliederung des Unternehmens in strategisch relevante Maßnahmen, die miteinander verbunden sind (Schulte 2002, S. 105). Dabei werden drei Hauptgeschäftsprozesse unterschieden. Der Innovationsprozess (bestehend aus Marktidentifizierung und Schaffung des Dienstleistungsangebots), der Betriebsprozess (bestehend aus der Dienstleistungserstellung und Auslieferung dessen an den Kunden) und der Kundendienstprozess (Kaplan/Norton 1997, S. 92 ff.). Das Wertkettenmodell von Kaplan und Norton hebt die Wichtigkeit der Innovation und der Kundenorientierung hervor, indem es diese Prozesse gleichrangig neben die Betriebsprozesse stellt (Ackermann 2000, S. 31).

Treibender Faktor für die Kunden- und der internen Prozessperspektive (direkt) und der finanziellen Perspektive (indirekt) ist die Lern- und Entwicklungsperspektive (Immenroth 2000, S. 43; Kaplan/Norton 1997, S. 121). Die Lern- und Entwicklungsperspektive betrifft die Fähigkeit des Unternehmens, wettbewerbsrelevantes Wissen aufzubauen und sich ständig so zu verändern, dass die Anforderungen des Marktes erfüllt werden können (Wunderer/Jaritz 1999, S. 332). Die Mitarbeiter, die als die wichtigste Ressource im Unternehmen gelten, finden hier eine angemessene Berücksichtigung. Von ihnen hängt entscheidend ab, ob und wie die Ziele und Sollwerte der anderen Perspektiven erreicht werden (Ackermann 2000, S. 33). Als treibende Potenziale für die Lern- und Entwicklungsperspektive haben Kaplan und Norton drei Bereiche ausgemacht (Kaplan/Norton 1997, S. 121ff.):

• Mitarbeiterkompetenz bzw.- potenziale

• Potenziale von Informationssystemen

• Motivation und Zielausrichtung der Mitarbeiter (Arbeitsklima)

Personalbezogene Ziele sind u.a. die hohe Mitarbeiterzufriedenheit, die Mitarbeitertreue und eine hohe Mitarbeiterproduktivität (Kaplan/ Norton 1997, S. 124; Immenroth 2000, S. 43). Die Mitarbeiterzufriedenheit ist in diesem Kontext von besonderer Bedeutung, weil zufriedene Mitarbeiter die Voraussetzung für zufriendene Kunden sind. Ermitteln kann man die Mitarbeiterzufriedenheit mit Hilfe von Befragungen. Produkte, Technologien oder Organisationsformen können, im Gegensatz zum intellektuellen Kapital der Mitarbeiter, von der Konkurrenz leicht adaptiert werden. Um die langfristigen wichtigen Mitarbeiter dem Unternehmen zu erhalten; ist die Mitarbeitertreue mit der Kennzahl der Fluktuationsquote zu steuern (Kaplan/Norton 1997, S. 125). Die Mitarbeiterproduktivität kann z.b. mit der Kennzahl Umsatz pro Mitarbeiter gesteuert werden. Im Verhältnis zueinander stellen die personalbezogenen Kennzahlen Ergebniskennzahlen dar und die situationsspezifischen Antriebskräfte (Mitarbeiterpotenziale, Potenziale von Informationssystemen und die Motivation der Mitarbeiter) Leistungstreiber (Ackermann 2000, S. 34; Kaplan/Norton 1997, S. 124). Ergebniskennzahlen stellen die Resultate vergangener Handlungen dar (Spätindikatoren). Sie eignen sich zur Kontrolle und nicht zur Steuerung. Leistungstreiber dagegen sind unternehmensindividueller Natur, sie sollen zeigen, wie die vorgegebenen Ergebnisse erreicht werden können (Frühindikatoren). Ergebniskennzahlen und Leistungstreiber stehen in einer perspektivinternen Ursache-Wirkungs Beziehung. Wer also die Ergebnisziele positiv beeinflussen möchte, sollte demnach bei den Leistungstreibern beginnen. Das Standardmodell von Kaplan und Norton bezieht sich auf die Unternehmensebene. Es besteht aber auch die Möglichkeit, die Balanced Scorecard in anderen Organisationsebenen des Unternehmens einzusetzen:

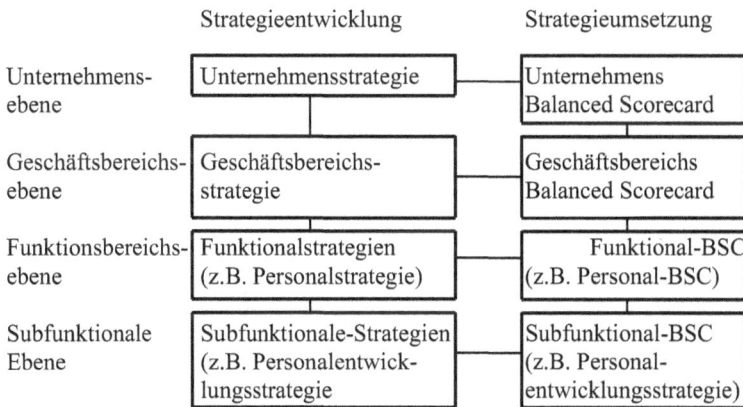

	Strategieentwicklung	Strategieumsetzung
Unternehmens-ebene	Unternehmensstrategie	Unternehmens Balanced Scorecard
Geschäftsbereichs-ebene	Geschäftsbereichs-strategie	Geschäftsbereichs Balanced Scorecard
Funktionsbereichs-ebene	Funktionalstrategien (z.B. Personalstrategie)	Funktional-BSC (z.B. Personal-BSC)
Subfunktionale Ebene	Subfunktionale-Strategien (z.B. Personalentwick-lungsstrategie	Subfunktional-BSC (z.B. Personal-entwicklungsstrategie)

Abb. 4.3.3 Die Balanced Scorecard auf verschiedenen Managementebenen
(Quellen: Frantz/Frommen-Pleterski 2001, S. 40; Ackermann 2000, S. 14)

Für Kaplan und Norton ist jede Organisationseinheit für eine Balanced Scorecard geeignet, die folgende drei Voraussetzungen erfüllt (Kaplan/Norton 1997, S. 290 ff.):

⇨ Eigene Strategie (vorhanden oder entwickelbar)

⇨ Vollständige Wertkette

⇨ Kennzahlen (vorhanden oder entwickelbar)

Der Personalbereich muss eine eigene Strategie besitzen und nicht nur eine reine Erfüllungsfunktion ohne eigene strategische Zielsetzungen darstellen (Tonnesen 2000, S. 87). Die Personalstrategie und die Unternehmensstrategie müssen aufeinander abgestimmt sein. Des weiteren muss die Personalstrategie so präzise formuliert sein, dass eine Umsetzung in Maßnahmen möglich ist (Ackermann 2000, S. 52 ff.). Eine vollständige Wertkette der Aktivitäten wird gefordert, weil die Balanced Scorecard bei der Umsetzung der Strategie in Aktionen mehrere Perspektiven berücksichtigt (Schulte 2002, S. 105). Überträgt man die Wertkettenbestandteile von Kaplan und Norton auf die Personalabteilung, so werden von dieser Kundenorientierung, Innovation und Prozessoptimierung gefordert (Schulte 2002, S. 106; Kaplan/Norton 1997, S. 93ff). Ob die drei Wertkettenbestandteile von der Personalabteilung erfüllt werden, machen Kaplan und Norton von dessen Entwicklungsgrad abhängig. Dabei sehen sie die Personalabteilungen, die als Profit-Center (selbst finanzierend) und als „Als ob Profit-Center" (Finanzierung zwar über Umlagen, sonst aber Strategie- und Wettbewerbsorientiert) geführt werden grundsätzlich für eine Balanced Scorecard geeignet. Die Merkmale einer Wertkette würden Personalverwaltungen (rein ausführend tätig) nicht erfüllen (Ackermann 2000, S. 61; Schulte 2002, S. 107). Die Kennzahlen beziehen sich auf die individuellen Ziele der Personalabteilung. Dabei kann es problematisch sein, die qualitativen Objekte zu quantifizieren.

Das von Kaplan und Norton entwickelte Standardmodell der Balanced Scorecard (siehe Abb. 4.3.1) ist nicht als starres Managementinstrument zu sehen, welches in allen Organisationen eingesetzt werden kann. Vielmehr sollte man die Perspektiven der Scorecard an die gewählte Organisation anpassen. Die Scorecard ist also so zu modifizieren, dass die individuellen erfolgskritischen Perspektiven des Personalmanagements beachtet werden (Tonnesen 2000, S. 87). Diese Perspektiven sollten eine umfassende Steuerung des Personalmanagements ermöglichen (Tonnesen 2000, S. 89). Tonnesen (2000, S. 91) hat für sein Balanced Scorecard-Personal die Wirtschaftlichkeitsperspektive, die Mitarbeiterperspektive, die Qualitätsperspektive und die Wissens- und Lernperspektive identifiziert (siehe Abb. 4.3.4, S. 52). Dabei stellen die Wirtschaftlichkeits- und die Mitarbeiterperspektive Ergebnisdimensionen dar, wogegen die Qualitäts- und die Lern- und Wissensperspektive Leistungstreiber der Personalarbeit beinhalten (Tonnesen 2000, S. 96). Die Kundenorientierung als Leitbild, dabei wird zwischen internen und externen Kunden unterschieden. Interne Kunden sind z.B. die Mitarbeiter oder die Führungskräfte, externe Kunden sind z.B. die potenziellen Mitarbeiter (Bewerber) oder die Shareholder (Tonnesen 2000, S. 90). Da letztendlich alle Aktivitäten der Erreichung finanzieller Ziele dienen, muss das Personalmanagement sich auch bezüglich seiner wirtschaftlichen Leistungsfähigkeit messen lassen (Tonnesen 2000, S. 92). Strategisches Ziel der finanziellen Perspektive kann z.B. die Senkung der Personalbeschaffungskosten sein. Als Maßgröße kann man die Personalkosten relativ darstellen (z.B. Personalbeschaffungskosten in % vom Umsatz) und auch einen Sollwert relativ festlegen (z.B. 5 % vom Umsatz) (DGfP 2001, S. 181).

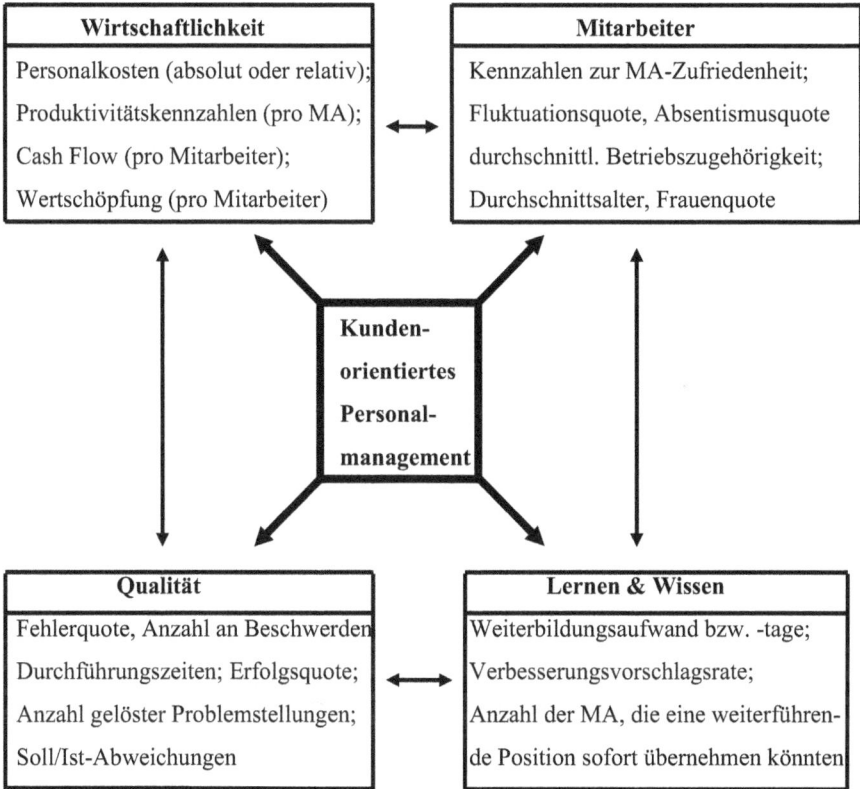

Wirtschaftlichkeit	**Mitarbeiter**
Personalkosten (absolut oder relativ);	Kennzahlen zur MA-Zufriedenheit;
Produktivitätskennzahlen (pro MA);	Fluktuationsquote, Absentismusquote
Cash Flow (pro Mitarbeiter);	durchschnittl. Betriebszugehörigkeit;
Wertschöpfung (pro Mitarbeiter)	Durchschnittsalter, Frauenquote

Kunden-
orientiertes
Personal-
management

Qualität	**Lernen & Wissen**
Fehlerquote, Anzahl an Beschwerden	Weiterbildungsaufwand bzw. -tage;
Durchführungszeiten; Erfolgsquote;	Verbesserungsvorschlagsrate;
Anzahl gelöster Problemstellungen;	Anzahl der MA, die eine weiterführen-
Soll/Ist-Abweichungen	de Position sofort übernehmen könnten

Abb. 4.3.4 Leitbild, Perspektiven und Massgrössen einer Balanced Scorecard-Personal (Quellen: Tonnesen 2000, S. 97; Schulte 2002, S. 108)

Die Mitarbeiterzufriedenheit ist essentiell für den Erfolg des Unternehmens. Tonnesen (2000, S. 92) sieht die Arbeits- und die Führungssituation als Haupt-einflussfaktoren für die Bereitschaft der Mitarbeiter, sich für die Unternehmens-ziele einzusetzen. Strategisches Ziel der Mitarbeiterperspektive kann es deshalb z.B. sein, die Arbeitssituation zu verbessern. Dazu kann man Mitarbeiterbefra-gungen als Datenerhebungsinstrument einsetzen und die ermittelten Werte mit Hilfe von Kennzahlen quantifizieren.

Die Qualitätsperspektive dient der Messung der Qualität im Personalbereich. Ein strategisches Ziel kann z.B. die Senkung von Fehlern in der Entgeltabrechnung sein. Als Kennzahl kann da die Fehlerquote dienen (Falsch bearbeitete Entgelt-abrechnungen/ alle Entgeltabrechnungen *100) und als Sollvorgabe z.B. 2 % von allen Abrechnungen. Die Grundlagen für die zukünftige Entwicklung des Unternehmens werden durch die Lern- und Entwicklungsperspektive berücksichtigt (Schulte 2002, S. 108). Wissen stellt eine wichtige langfristige Ressource im Unternehmen dar, die kurzfristig nicht imitierbar und von der Konkurrenz nur unter erhöhtem finanziellem und zeitlichem Aufwand nachzuholen ist (Tonnesen 2000, S. 95). Ziel der Lern- und Wissensperspektive ist es daher, die treibenden Faktoren von Wissen zu identifizieren und zu steuern (Tonnesen 2000, S. 95). Strategisches Ziel der Lern- und Wissensperspektive kann es z.b. sein, die Qualifikation der Personalmitarbeiter zu erhöhen. Als Maßgröße kann z.b. der Weiterbildungsaufwand pro Mitarbeiter dienen.

4.3.3 Die Balanced Scorecard der Lufthansa Cargo AG

Die Lufthansa Cargo AG, die sich auf die Luftfracht-Logistik spezialisiert hat, setzt auch eine Balanced Scorecard im Personalbereich ein die folgendermassen aussieht:

Vision	Mit Innovation, Kompetenz und Serviceorientierung für engagierte Menschen, attraktive Strukturen und gemeinsame Werte			
Perspektive	**Finanzen**	**Kunden**	**Interne Prozesse**	**Mitarbeiter**
Strategische Ziele	Erreichung einer marktfähigen Kosten- und ggf. Ertragsstruktur	Erhöhung der Kundenzufriedenheit durch bedarfsorientierte Produkte u. Services	Standardisierung Beschleunigung und Vereinfachung	Aufbau einer Personalkompetenz die Innovationen fördert
Erfolgsfaktoren	Reduzierung von Produkt bzw. Prozesskosten	Produkte und Services sind wertschöpfend für Lufthansa Cargo	Einhaltung der Prozesse, Anzahl sofort durchgegangener Vorlagen	persönliche Kompetenz, fachliche Kompetenz
Kennzahl	Kosten pro Produkt bzw. Prozess	Employee Commitment Index	Abweichungen pro Prozess	Schulungstage pro Mitarbeiter

Abb. 4.3.5 Die Balanced Scorecard des Personalbereichs der Lufthansa Cargo AG (Quelle: Reupert/Wenisch 2000, S. 43)

Die Vision des Personalbereichs wurde von der Unternehmensvision (Unaustauschbares Element in einem weltweit führenden Logistikverbund) abgeleitet (Reupert/Wenisch 2000, S. 40). Die Perspektiven wurden von Kaplan und Nortons Basismodell auch für den Personalbereich als geeignet identifiziert und übernommen (Reupert/Wenisch 2000, S. 42). Die Mitarbeiterperspektive ist bei näherer Analyse nur eine andere Bezeichnung für die Lern- und Entwicklungsperspektive. Unter Produkten versteht man hier die Dienstleistungsangebote des Personalbereichs (z.B. Weiterbildungsangebote im internen Trainingscenter). Die Kunden des Personalbereichs kann man in interne Kunden (Mitarbeiter und

Führungskräfte) und externe (z.B. Bewerber) unterteilen. Die Quantifizierung der vorwiegend qualitativen Kunden- und Mitarbeiterperspektive erfolgt mit Hilfe von Kunden- bzw. Mitarbeiterbefragungen. In der Kundenperspektive werden auch Produktportfolios als Hilfsinstrument zur Ermittlung von Kennzahlen eingesetzt (Reupert/Wenisch 2000, S. 43). Die Lufthansa Cargo AG will mit der Einführung der Balanced Scorecard-Personal die Unternehmensziele mit den Zielen des Personalbereichs verknüpfen und den Beitrag der Personalarbeit zur Wertschöpfung (durch systematische Leistungsmessung) messbar (und steuerbar) machen (Reupert/Wenisch 2000, S. 38).

4.3.4 Vor- und Nachteile

Der Einsatz der Balanced Scorecard bringt also folgende Vorteile mit sich:

⇨ Hohe Systematisierung und Quantifizierung der Personalstrategie und -ziele (Kunz 2001, S. 296).

⇨ Übersichtliche, vernetzte und transparente Darstellung der Vision, der Strategien, der Ziele, der Kennzahlen und der Aktionen in einem übersichtlichen Tableau (DGfP 2001, S. 184; Kunz 2001, S.296).

⇨ Mit der Balanced Scorecard soll die Rückkopplung zwischen Strategieformulierung und -implementierung sichergestellt werden.

⇨ Die (Personal)Strategie wird intern klar kommuniziert (Wunderer/Jaritz 1999, S. 349).

⇨ Die Schaffung von Ursache-Wirkungszusammenhängen und der Einsatz von Leistungstreibern kann das Unternehmen (und somit auch die Mitarbeiter) stärker auf das Ziel ausrichten.

⇨ Die Strategieumsetzung wird durch geeignete Messgrössen überwacht. (Wunderer/ Jaritz 1999, S. 349).

⇨ Operative Ziele werden auf die Strategie ausgerichtet (Wunderer/Jaritz 1999, S. 350).

Dem gegenüber stehen folgende Nachteile:

⇨ Der Aufwand für die Erstellung und Pflege der Balanced Scorecard ist besonders wegen der vielen Abstimmunsprozesse mit verschiedenen organisatorischen Einheiten hoch (DGfP 2001, S. 183).

⇨ Es besteht die Gefahr, dass die Balanced Scorecard mit zu vielen Kennzahlen und Zielen überfrachtet wird (Kunz 2001, S. 299).

⇨ Sehr einseitige Reduzierung des Personalmanagements an quantitativen Messgrößen (Kunz 2001, S. 297; Wunderer/Jaritz 1999, S. 350).

4.3.5 Fazit

Die Balanced Scorecard ist ein komplexes strategisches Steuerungsinstrument, das Visionen und Strategien operationalisiert. Die Balanced Scorecard macht Visionen und Strategien handhabbar, indem sie sie abbildet, messbar und kommunizierbar macht. Die Messung der Leistungen der verschiedenen Perspektiven erfolgt anhand von Kennzahlen. Somit ist die Balanced Scorecard ein umfassendes Kennzahlensystem. Die Forderung aus Kapitel 4.1.5, Kennzahlenergebnisse nur in einem systematischen Zusammenhang zu betrachten (um die Validität der Interpretation zu erhöhen), wird durch die Balanced Scorecard erfüllt. Jedoch darf man nicht vergessen, dass durch die Quantifizierung qualitativer Werte die Kennzahlen den Charakter einer Wahrscheinlichkeitsrechnung erhalten (Kapitel 4.1.5). Die Komplexität der Balanced Scorecard hat den Vorteil, dass durch die Betrachtung, Bewertung und Verknüpfung verschiedener Perspektiven (durch mögliche Ursache-Wirkungszusammenhänge) eine ganzheitliche Steuerung des Unternehmens möglich wird. Die Balanced Scorecard ist als eine Daueraufgabe zu sehen (permanenter Erneuerungs- und Verbesserungsprozess) und sie sollte sich immer an die Veränderungen der schnellebigen Märkte und somit auch den Veränderungen der Strategien oder sogar der Vision anpassen (z.B. notwendig bei Fusionen). Des weiteren erfordert die Balanced Scorecard auch viel Zeit für die Kommunikation an die verantwortlichen Mitarbeiter der jeweiligen Perspektiven. Denn nur durch intensive und kontinuierliche Kommunikation werden die jeweiligen Perspektivenziele und Kennzahlen optimal aufeinander abgestimmt (für den gemeinsamen Zweck der Verfolgung und Erfüllung der Strategien). Durch die hohe Kosten- und Zeitintensität der Balanced Scorecard stellt sich die Frage, ob für den Personalbereich die Unternehmens Balanced Scorecard ausreicht oder ob man doch eine separate funktionsbezogene Balanced Scorecard-Personal einführen sollte. Eine Balanced Scorecard-Personal kann sinnvoll sein, wenn z.B. das Unternehmen einen Mitarbeiterstamm hat, dessen Qualifizierung hoch ist und dessen Wissen eine niedrige Halbwertszeit hat (z.B. in der Informationstechnologie). Weil hier sozusagen Wissen besonders marktentscheidend (also Kapital) ist und weil es als ein wesentlicher Treiber für den Unternehmenserfolg fungiert. Für ein Unternehmen, das überwiegend Mitarbeiter beschäftigt die eine niedriges bis mittleres Bildungsniveau haben (z.B. im Einzelhandel), ist es fraglich ob die Effizienzen und die Effektivitäten die durch die Balanced Scorecard-Personal erzielt werden die Kosten und den Zeitaufwand für dessen Erstellung und kontinuierliche Pflege übersteigen können. Diese Aussage soll nicht minder qualifizierte Mitarbeiter abwerten. Man darf nicht vergessen, dass z.B. die Verkäufer im direkten Kontakt zum Kunden stehen und die Zufriedenheit dieser Mitarbeiter die Kundenzufriedenheit erheblich mit beeinflusst (Siehe Ursache-Wirkungszusammenhänge). Jedoch sollte hier die Betrachtung (bzw. Bewertung) der Mitarbeiter im Rahmen der Unternehmens-Balanced Scorecard genügen (eben wegen der hohen Transaktionskosten). Denn auch dort finden die Humanressourcen bei der Unternehmensführung eine angemessene Beachtung (in der Lern- und Entwicklungsperspektive). Oder aber es erfolgt eine indirekte Steuerung der Mitarbeiter durch Installieren einer Balanced Scorecard-Personal für die Führungskräfte.

Diese sind für die Mitarbeiter verantwortlich und beeinflussen u.a. mit ihrer Führungsphilosophie z.B. die Mitarbeiterzufriedenheit. Man kann sagen, dass der Einsatz einer spezifischen Balanced Scorecard-Personal (entweder für die Funktion Personal oder Subfunktional z.b. für die Personalentwicklung) einen positiven Beitrag zum Unternehmenserfolg leisten kann. Wichtig für dessen Erfolg ist die Ermittlung der wichtigen Leistungstreiber (z.b. qualifizierte Mitarbeiter), die Selektion der „richtigen" Kennzahlen und die kontinuierliche Pflege der Balanced Scorecard. Die Komplexität und die Kontinuität der Balanced Scorecard gibt wiederum dem Personalcontrolling seine Existenzberechtigung. Für den Aufbau, Einführung, Datenpflege (also ständige Aktualisierung) und als Antreiber für die Kommunikation der Balanced Scorecard-Personal ist das Personalcontrolling gut geeignet. Ein Kritikpunkt liegt bei den Voraussetzungen für die Eignung der Balanced Scorecard im Personalbereich. Ob die Personalabteilung eine vollständige Wertkette besitzt, ist umstritten, da der Personalbereich als indirekter Leistungsbereich nur eine unterstützende Aktivität darstellt (keinen Gewinn erwirtschaftet und auch nicht in einem direkten Wettbewerbsverhältnis steht). So gesehen wäre die Personalabteilung für ein explizites Balanced Scorecard-Personal ungeeignet. Kaplan und Norton haben aber ein modifiziertes Wertkettenmodell entwickelt, welches Kundenorientierung (interne Kunden z. B. Mitarbeiter), Innovation und die Optimierung der Prozesse fordert. Kritiker der Balanced Scorecard-Personal könnten meinen, Kaplan und Norton haben sich diese kleinen Ungereimtheiten zurechtgerückt, um ihr sonst so umfassendes und gutes Strategie- und Messinstrument als Allzweckwaffe zu verkaufen. Ob der Personalbereich in der Praxis eine vollständige Wertkette besitzt, kann im Rahmen dieser Arbeit nicht geklärt werden. Wichtig ist festzuhalten, dass die Balanced Scorecard sei es auf der Funktions- oder aber auch auf der Unternehmens

ebene, durch ihre Operationalisierung und Kommunikation eine hohe Transparenz im Unternehmen schafft. Aus diesem Grund ist der Einsatz der Balanced Scorecard als

Personalcontrolling Instrument zur Steuerung des Personalbereichs (u. damit auch des Personals) gut geeignet.

4.4 Die Mitarbeiterbefragung

4.4.1 Definition und Ziele der Mitarbeiterbefragung

Die Mitarbeiterbefragung ist seit Ende der 40er Jahre in der Unternehmenspraxis bekannt. In Deutschland wird sie aber erst seit den 70er Jahren vermehrt eingesetzt (Lentrodt 1997, S. 247). Der Trend zu qualifizierteren Mitarbeitern, flacheren Hierarchien und zu Mitarbeitern die als selbständig denkende Geschäftspartner angesehen werden, begünstigte den Einsatz von Mitarbeiterbefragungen die eine Diagnose-, eine Gestaltungs- und eine Kontrollfunktion (Trost/Jöns/Bungard 1999, S. 24; Domsch/Siemers 1995, S. 40) haben. Diagnosefunktion, weil durch die Analyse der Ergebnisse betriebliche Stärken und Schwächen diagnostiziert werden. Gestaltungsfunktion weil die Mitarbeiter die

Gelegenheit haben mittelbar auf die Entscheidungen des Managements Einfluss zu nehmen. Kontrollfunktion, weil Ziele und Reaktionen auf Maßnahmen überprüft werden können. Lentrodt (1997, S. 249) definiert die Mitarbeiterbefragung wie folgt:

> „Die Mitarbeiterbefragung ist ein Instrument, durch welches versucht wird die Einstellungen, Werthaltungen, Erwartungen und Bedürfnisse der Mitarbeiter/innen -bezogen auf bestimmte Bereiche der betrieblichen Arbeitswelt und/oder der Umwelt- zu ermitteln."

Allgemeines Ziel der Mitarbeiterbefragung ist es, betrieblicher Stärken bzw. Schwächen zu ermitteln und konkreter Verbesserungsprozesse einzuleiten (Domsch/Schneble 1991, S. 1; Lentrodt 1997, S. 247). Die Verbesserungen sollen bezüglich des Unternehmenserfolgs und auch der Mitarbeiterzufriedenheit vorgenommen werden (Scholz/ Scholz 1995, S. 729). Detaillierte Ziele der Mitarbeiterbefragung sind u.a. (Lentrodt 1997, S. 250 ff.):

⇨ Ermitteln der Mitarbeiterzufriedenheit (z.B. bezüglich der Führung, des Arbeitsplatzes oder der Weiterbildungsangebote)

⇨ Erfolgskontrolle (Wirkung von personalpolitischen Maßnahmen feststellen, z.B. Seminarbeurteilung)

⇨ Information (Feststellen der Einstellung und Bedürfnisse der Mitarbeiter zu bestimmten Themen, z.B. Neugestaltung des Entlohnungssystems)

⇨ Einleiten von Verbesserungsmaßnahmen (durch Erkennen von Verbesserungspotenzial bzw. Aufdecken von Schwachstellen)

Die Mitarbeiterbefragung kann umfassend als eine Art „Stimmungsbarometer" oder speziell, also bezogen auf bestimmte Themen (z.B. Weiterbildungsangebote und - bedarf), Zielgruppen (z.B. nur Führungskräfte) oder Unternehmensbereiche (z.B. nur Vertriebsabteilung) eingesetzt werden (Domsch/Schneble 1992, S. 7; Lentrodt 1997, S. 253; Scholz/Scholz 1995, S. 729).

4.4.2 Elemente einer Mitarbeiterbefragung

Zu den wesentlichen Elementen einer Mitarbeiterbefragung gehört die (systematische) Planung, der Fragebogen, die Durchführung der Befragung, die Auswertung, das Feedback und die Maßnahmenumsetzung (Ganserer/Große-Peclum 1995, S. 108ff.). Zuerst sind von der Unternehmensleitung die Ziele der Mitarbeiterbefragung (z.B. Erfolgskontrolle von neuen Weiterbildungsangeboten oder Zufriedenheit der Mitarbeiter mit den Vorgesetzten) und die Rahmenbedingungen (u.a. der Zeithorizont und das Budget für das Projekt) festzulegen (Scholz/Scholz 1995, S. 732; Trost/Jöns/Bungard 1999, S. 16). Im Rahmen der Planung der Mitarbeiterbefragung ist eine Projektgruppe zu bilden. Die Projektgruppe sollte möglichst viele Mitarbeitergruppen mit einbeziehen (Unternehmensleitung, Mitarbeiter, die Personalabteilung und das Personalcontrolling). Um den rechtlichen Rahmen bezüglich der gestellten Fragen zu klären, sollte auch der Betriebsrat informiert werden (Sauermann 2002, S. 120). Der Betriebsrat hat nach § 87 Abs. I Nr. 1 + Nr. 6 & § 94 BetrVG ein Informations-

und Beratungsrecht (Trost/Jöst/ Bungard 1999, S. 38). Des weiteren sollte ein externes Institut (zumindest für die Auswertung der Daten) einbezogen werden (Ganserer/Große-Peclum 1995, S. 110). Um eine hohe Teilnehmerquote zu erreichen, sollten alle Beteiligten rechtzeitig über das Projekt informiert werden. Als Kommunikationsmittel kommen u.a. die Mitarbeiterzeitung, Plakate (öffentliche Aushänge), Rundschreiben, Information durch direkte Vorgesetzte, Beilagen in Gehaltsabrechnungen oder Betriebsversammlungen in Frage (Ganserer/Große-Peclum 1995, S. 111; Trost/Jöns/Bungard 1999, S. 57). Die Befragung kann entweder schriftlich oder mündlich und anonym oder namentlich durchgeführt werden (Domsch/Schneble 1992, S. 5). Durchgesetzt hat sich die schriftliche, anonyme, strukturierte und standardisierte Befragung mit geschlossenen und teilweise offenen Fragestellungen (Lentrodt 1997, S. 254; Domsch/ Schneble 1991, S. 5).

Den Fragebogen kann man bezüglich seiner Gestaltung wie folgt differenzieren:

• nach Art der Fragen (offene oder geschlossene)

• nach Art und Umfang der Standardisierung des Fragenkatalogs (Domsch/Schneble 1992, S. 5; Scholz/Scholz 1995, S. 732)

Um die Auswertung und Vergleichbarkeit der erhobenen Daten zu verbessern, bietet sich die geschlossene Fragestellung an, da diese die objektive und ökonomische Auswertungen fördert (Rosenstiel/Molt/Rüttinger 1995, S. 242). In den meisten Fällen wird hierfür eine fünfstufige Antwortskala verwendet (z.B. Frage: Sind sie mit den Sozialleistungen Ihrer Firma zufrieden ? Antwortmöglichkeiten: 1. Bin sehr zufrieden, 2. Bin zufrieden, 3. Teils, teils, 4. Bin unzufrieden, 5. Bin sehr unzufrieden) (Domsch/ Siemers 1997, S. 70).

Der Erfolg einer Mitarbeiterbefragung hängt wesentlich von der Auswahl der Fragen ab. Deshalb sollte auf die Auswahl von Fragen verzichtet werden, bei denen von vornherein feststeht, dass Verbesserungen bei dem entsprechenden Thema nicht möglich sind (Ganserer/Große-Peclum 1995, S. 112). Um Vergleiche mit vorherigen Befragungen möglich zu machen, sollte man den Fragebogen weitestgehend standardisieren („Kernfragebogen"). Es sollte aber auch Platz zur Befragung aktueller Themen gelassen werden. Die Durchführung der Mitarbeiterbefragung kann entweder mit der postalischen Methode (Versenden der Fragebögen an die Privatadresse), der Wahllokalmethode (Ausfüllen der Fragebögen in den Unternehmensräumlichkeiten und einwerfen in eine dort vorhandene Urne) oder aber mit dem Intranet (Fragebögen elektronisch über PC-Arbeitsplatz) erfolgen (Trost/Jöns/Bungard 1999, S. 105 ff.).

Der Befragungsbogen kann u.a. Fragen zu folgenden Themenbereichen enthalten:

Themenbereich	Fragen zum jeweiligen Themenbereich z.b. über
Tätigkeit und Arbeitsorganisation	Art der Tätigkeit, Art der Arbeitsorganisation, Arbeitsbelastung
Arbeitsbedingungen	Umweltbedingungen (z.b. Klima, Beleuchtung, Lärm), Arbeitsplatzgestaltung, Arbeitszeitgestaltung
Entgelt und Sozialleistungen	Entgelt im Vergleich zur Leistung und zu Kollegen, Zufriedenheit mit den einzelnen Sozialleistungen
Kommunikation und Information	Informationsstand, Informationsbedürfnisse Information über die Arbeit, Informationsquellen
Zusammenarbeit	mit unmittelbaren Kollegen, mit anderen Abteilungen, mit den Vorgesetzten
Entwicklungsmöglichkeiten	Weiterbildungsangebote, gewünschte Erweiterung, Möglichkeiten zur Nutzung, Karrieremöglichkeiten
Vorgesetztenverhalten	fachliche Fähigkeiten des Vorgesetzten, Motivation, Informationsverhalten, Gerechtigkeit, persönliche Beziehungen zum Vorgesetzten
Unternehmensimage & Arbeitsplatzsicherheit	Einschätzung der Sicherheit des eigenen Arbeitsplatzes, der Beschäftigung im Unternehmen, allgemeines Ansehen des Unternehmens bei den Befragten
Biographische Gruppenzugehörigkeit	Alter, Geschlecht, Betriebszugehörigkeit, Abteilung Einkommensform, Einkommenshöhe

4.4.1 Inhalte eines Standardfragebogens
(Quellen: Lentrodt 1997, S. 255; Domsch/Siemers 1995, S. 48)

Die Teilnahme an der Befragung sollte für jeden Mitarbeiter grundsätzlich freiwillig und anonym sein. Dies garantiert einen schnellen und reibungslosen Rücklauf und eine höhere Teilnahme (Ganserer/Große-Peclum 1995, S. 118). Die kumulierten Ergebnisse können dann u.a. als Mittelwerte, Indexwerte oder als relative Häufigkeiten (Prozentangaben) dargestellt werden. Die Befragungsergebnisse sollten für eine bessere Interpretation kommentiert werden. Die Befragten sollten umfassend über die Ergebnisse der Befragung informiert werden (z.B. in Betriebsversammlungen, über die Mitarbeiterzeitung, über Rundschreiben oder durch persönliche Schreiben) (Sauermann 2002, S. 121). Erfolgt dies nicht, kann es zu einer Demotivation der Befragten kommen und bei einer Folgebefragung die Beteiligungsquote negativ beeinflussen. Wichtig ist es, aus den neuen Erkenntnissen Maßnahmen zu entwickeln und umzusetzen. Die Maßnahmen sollten (je nach Zielsetzung der Befragung) die Mitarbeiter- und/oder die Organisationsentwicklung fördern (Ganserer/Große-Peclum 1995, S. 120). Des weiteren sollten die gesetzten Ziele einer Maßnahmenplanung realistisch sein. Da die Mitarbeiterbefragung bei den Teilnehmern die Erwartungen bezüglich positiver Veränderungen erhöht, können durch Ausbleiben von Maßnahmen oder durch Einleiten von falschen Maßnahmen eine hohe und nachhaltige Demotivation herbeigeführt werden (Scholz/ Scholz 1995, S. 738).

4.4.3 Praxisbeispiele

Die BASF führte bei 16.500 Mitarbeitern (ca. 33% der Gesamtbelegschaft) eine repräsentative Stichprobenbefragung mit einem Standardfragebogen durch (Süssenguth 1992, S. 25). Befragt wurden die Mitarbeiter zu den Themenbereichen: Äußere Bedingung des Arbeitsplatzes, Arbeitssituation, Information, Weiterbildung und Entwicklung, Führung, Kooperation, Einkommen, Sozialleistung und Image des Unternehmens (Süssenguth 1992, S. 25). Die Kommunikation mit den Mitarbeitern erfolgte u.a. über die Mitarbeiterzeitung. Hier wurden besonders die Anonymität der erhobenen Daten und die Freiwilligkeit der Teilnahme propagiert (um die Teilnahmenquote zu erhöhen). Nach der Befragung (u. Auswertung der Ergebnisse) wurden in der Mitarbeiterzeitung auch wichtige Ergebnisse in zusammengefasster Form veröffentlicht (Süssenguth 1992, S. 26). Die Ergebnisse der Befragung wurden genutzt um Maßnahmen (Diese werden in der Literatur nicht näher erläutert) einzuleiten, die sowohl Verbesserungen für die Mitarbeiter als auch für das Unternehmen erzielen sollen (Süssenguth 1992, S. 30).

Ziel der Mitarbeiterbefragung der Hewlett-Packard GmbH war es Einstellungen und Meinungen der Mitarbeiter zu erfragen, Probleme zu erkennen und Vergleiche mit anderen deutschen Unternehmen durchzuführen (Bruennecke/Canisius 1992, S. 97). Hierfür wurde eine Mitarbeiterbefragung durchgeführt, in dem alle Mitarbeiter einbezogen wurden. Dabei dauerte der Prozess von der Vorbereitung der Befragung bis zur Ableitung von Maßnahmen aus dessen Ergebnissen zwei Jahre (Bruennecke/Canisius 1992, S. 97). Die Projektgruppe bestand aus Mitarbeitern der Personalabteilung und einem externen Beratungsunternehmen. Fragen wurden u.a. zu folgenden Kategorien gestellt: Arbeitsorganisation, Arbeitseffizienz, Arbeitszufriedenheit, Vorgesetzte, Aus- und Weiterbildung, Gehalt und Sozialleistungen, innerbetriebliche Kommunikation und Unternehmensbild (Bruennecke/Canisius 1992, S. 99). Die Mitarbeiter hatten die Möglichkeit auf einer fünfstufigen Skala zu antworten. Die erhobenen Werte wurden von der externen Beratungsfirma anonym ausgewertet. Die Ergebnisse wurden u.a. auch für einen Vergleich (Benchmark) mit dem Durchschnitt der Ergebnisse ähnlicher Mitarbeiterbefragungen in Deutschland ansässiger Unternehmen genutzt (Bruennecke/ Canisius 1992, S. 100). Bei der Auswertung der Daten stellte man fest, dass die Mitarbeiter besonders das begrenzte fachliche Weiterbildungsangebot und das Fehlen von individuellen Mitarbeiterentwicklungsplänen kritisierten (Bruennecke/Canisius 1992, S. 102). Die neuen Erkenntnisse wurden genutzt, um das Weiterbildungsangebot bedarfsgerecht zu modifizieren.

4.4.4 Vor- und Nachteile

Die Mitarbeiterbefragung hat u.a. folgende Vorteile:

⇨ Zielorientierte Datenerhebung und keine Beschränkung auf bestimmte betriebliche Aufgabenstellungen bzw. Ziele, und somit keine Aussparung von Themen (Lentrodt 1997, S. 250; DGfP 2001, S. 31)

⇨ Die Einbeziehung der Mitarbeiter in Entscheidungsprozesse fördert dessen Motivation und Identifikation mit dem Unternehmen (Scholz/Scholz 1995, S. 728)

⇨ Die Mitarbeiterbefragung gibt Hilfestellung für strategische personalpolitische Entscheidungen (Wunderer/Schlagenhaufer 1994, S. 73)

⇨ Die Mitarbeiterbefragung verringert durch eine intensivere Kommunikation die soziale Distanz zwischen Unternehmensleitung und Mitarbeitern (Domsch/Schneble 1992, S. 4)

Dem gegenüber stehen folgende Nachteile:

⇨ Hoher Kosten- und Zeitaufwand für Konzepterstellung, Durchführung und Auswertung der Ergebnisse (Domsch/Siemers 1995, S. 50; Wunderer/Schlagenhaufer 1994, S. 73; DGfP 2001, S. 31)

⇨ Mitarbeiter befürchten negative Konsequenzen bei kritischen Äusserungen (Lentrodt 1997, S. 257)

⇨ Die Mitarbeiter glauben nicht an positive Massnahmen („Es ändert sich ja eh nichts" -Mentalität) (Trost/Jöns/Bungard 1999, S. 38; Wunderer/Schlagenhaufer 1994, S. 73)

⇨ Die Mitarbeiter sind generell misstrauisch bezüglich der Anonymität der Befragung (Domsch/Siemers 1995, S. 50; Wunderer/Schlagenhaufer 1994, S. 73)

4.4.5 Fazit

Die Mitarbeiterbefragung ist mehr als nur ein Datenerhebungsinstrument. Und zwar gehören zu einer Mitarbeiterbefragung auch immer Veränderungs- bzw. Verbesserungsprozesse, die auf den Erkenntnissen der erhobenen Daten basieren. Somit ist die Mitarbeiterbefragung eine systematische Methode zur Personal- und Organisationsentwicklung. Wichtig für den Erfolg der Mitarbeiterbefragung ist die Anonymität, die freiwillige Basis der Teilnahme und die Transparenz des gesamten Prozesses. Des weiteren setzen effektive Mitarbeiterbefragungen einen vertrauensvollen Umgang zwischen Beurteilern und Mitarbeitern voraus. Die Mitarbeiterbefragung ist besonders für die Erhebung qualitativer (weicher) Faktoren, wie z.B. die Arbeitszufriedenheit oder die Mitarbeitermotivation geeignet. Sie ermöglicht, qualitative Faktoren zu quantifizieren. Das Besondere an diesem Instrument ist dessen universelle Einsetzbarkeit. Man kann für (fast) alle Zielsetzungen eine Mitarbeiterbefragung durchführen. Ausserdem ermöglicht die Mitarbeiterbefragung eine bedarfsgerechte Datenerfassung. Durch die Anwendung der Mitarbeiterbefragung und durch die Verbesserungsprozesse im Personalbereich (z.B. bedarfsgerechtere Personalentwicklung oder Einführung von flexiblen Arbeitszeiten), die auf die Ergebnisse der Befragung beruhen, wird die Zufriedenheit und die Motivation der Mitarbeiter gesteigert. Dies führt dann zu produktiveren Mitarbeitern und somit zur Erfolgssteigerung des Unternehmens. Dieser positive Effekt kann sogar ohne wesentliche Verbesserungsprozesse auftreten, wenn bei richtiger Durchführung der Befragung die Mitarbeiter das Gefühl haben, dass die Unternehmensleitung bemüht ist, Verbesserungen im Sinne der Mitarbeiter zu erzielen. Eine höhere Mitarbeiterzufriedenheit, -motivation und -identifikation mit dem Unternehmen kann neben einer besseren Ausschöpfung des Humanpotenzials auch noch den positiven Nutzen mit sich ziehen, dass die Mitarbeiterloyalität steigt. Dies kann vor allem in Branchen, die auf qualifizierte Mitarbeiter angewiesen sind ein echter Wettbewerbsvorteil sein (Wissen als Wettbewerbsfaktor). Die höhere Mitarbeiterloyalität senkt die Fluktuation der Mitarbeiter und somit auch deren Beschaffungskosten. Die Mitarbeiterbefragung birgt aber auch eine gewisse Gefahr. Die Mitarbeiter, die sich „die Mühe machen" und an der Befragung teilnehmen, haben eine gewisse (höhere) Erwartung bezüglich einer Verbesserung der Personalbzw. der Arbeitsbedingungen. Wenn die Befragungsergebnisse von der Unternehmensleitung ohne erkennbare Veränderungen (bzw. Verbesserungsbemühungen) „in die Schublade" geschoben werden, kann dies nachhaltig sehr viel Vertrauen zerstören und zu erheblicher Demotivation seitens der Mitarbeiter führen.

Die Mitarbeiterbefragungen erhalten ihre Aussagekraft durch Vergleiche. Bei häufiger Durchführung einer Mitarbeiterbefragung in regelmäßigen Abständen (z.B. alle zwei Jahre) kann man Zeitreihenvergleiche vornehmen. Durch die Interpretation der Zeitreihen kann man Chancen und Risiken frühzeitig erkennen (z.B. ein positiver oder negativer Trend). Man kann aber auch Vergleiche mit vorher festgelegten Sollwerten durchführen. Auch wenn Teilerhebungen (Befragung einer repräsentativen Stichprobe) statistisch gesehen mit hoher Wahrscheinlichkeit den Ergebnissen der Vollerhebung entsprechen und somit der Aufwand für die Durchführung und Analyse der Daten durch Teilerhebungen reduziert werden kann, sollte das Unternehmen wenn möglich eine Vollerhebung durchführen. Dies ist besonders bei den Befragungen wichtig, die bedeutende Veränderungen bezüglich der Personalentwicklung oder aber der personalpolitischen Strategien zum Ziel haben. Hier kann eine Teilbefragung dazu führen, dass bei den Mitarbeitern, die nicht in die Befragung mit einbezogen wurden, eine Demotivation entsteht, weil sie bei so wichtigen Entscheidungen ihre Meinung nicht äußern konnten. Diese Demotivation und Unzufriedenheit kann dann unter Umständen einen größeren wirtschaftlichen Schaden anrichten als die eingesparten Kosten. Die Quantifizierung der qualitativen Daten erfolgt mit statistischen Methoden (u.a. Mittelwerte, Prozentwerte, Kennzahlen oder Korrelationen). Die quantifizierten Ergebnisse sollten immer kommentiert werden, da sonst die statistischen Werte fehlinterpretiert werden können. So kann z.B. ein Mittelwert von 3,0 auf einer Skala von 1-5 (z.B. von sehr zufrieden bis sehr unzufrieden) entweder bedeuten, dass 50 % der Befragten Wert 1 (sehr zufrieden) und 50% der Befragten (sehr unzufrieden) angekreuzt haben. Es könnte aber auch sein, dass 100% der Befragten Wert 3 (teils/teils also neutral) angegeben haben. In der Realität werden die Ergebnisse zwar nicht so eindeutig ausfallen, aber die Gefahr, falsche Schlüsse aus den Daten abzuleiten, ist genauso gross. Weil mit der Mitarbeiterbefragung auch qualitative Daten erhoben werden, ist bei den ermittelten Werten auf deren Objektivität (=Ergebnisse sind unabhängig vom Durchführenden), die Validität (=es wird wirklich das gemessen, was gemessen werden soll) und die Reliabilität (=die Ergebnisse müssen bei wiederholter Befragung unter gleichen Bedingungen übereinstimmen) zu achten. Die Mitarbeiterbefragung ist ein wichtiges Personalcontrolling Instrument, nicht nur weil sie die Messung qualitativer Werte ermöglicht, sondern auch weil sie andere Personalcontrolling Instrumente (u.a. Kennzahlen, Benchmarking oder Personalportfolios) mit bedarfsgerechten Informationen „füttert". Für das Personalcontrolling erfüllt es in erster Linie die Aufgabe der Informationsbeschaffung.

4.5 Mitarbeiterbeurteilung

4.5.1 Definition und Ziele der Mitarbeiterbeurteilung

Ein bedeutendes Instrument zur Bewertung der Leistung und des Potenzials des Personals ist die Mitarbeiterbeurteilung. Unter der Mitarbeiterbeurteilung wird ein formalisiertes Verfahren verstanden, durch das die jeweiligen Vorgesetzten veranlasst werden, ihre Mitarbeiter in bestimmten Zeitabständen anhand vorher festgelegter Kriterien zu beurteilen (Mentzel 1992, S. 81). Weil die Mitarbeiterbeurteilung einerseits die bisherige Leistung andererseits aber auch das künftige Entwicklungspotenzial erfasst, ist es ein Instrument dass vergangenheits- und zukunftsorientiert ist (Wunderer/Jaritz 1999, S. 126; Fellenstein 1996, S. 55). Allgemeines Ziel der Beurteilung ist es, einen Überblick über die fachlichen Kenntnisse, die persönlichen Fähigkeiten, das vorhandene Potenzial und die Führungsqualifikation der Mitarbeiter zu erlangen (Mentzel 1992, S. 82; Hentze/Kammel 2001, S. 278). Die durch eine systematische Mitarbeiterbeurteilung erlangten Kenntnisse dienen der Personalführung u.a. für folgende Ziele:

- Informationsbeschaffung: Durch die Beurteilung werden wichtige Informationen geliefert, die als Grundlage diverser Entscheidungen dienen und somit aktuelle Personalentscheidungen unterstützen (z.B. Entscheidung über Versetzung oder Förderung eines Mitarbeiters).

- Kontrolle personalpolitischer Entscheidungen (z.B. Richtige Personalauswahl, Personalbeförderung oder Personaleinsatz)

- Richtige Förderung der Mitarbeiter (soll aufdecken, welche Entwicklungsmaßnahmen erforderlich sind und welche Mitarbeiter ggf. weitergehende Aufgabenstellungen übernehmen können)

- Leistungsabhängige Entgeltfindung (Dient sowohl der Förderung einer größeren Leistungsgerechtigkeit als auch der Schaffung monetärer Leistungsanreize).

- Die Ergebnisse der Mitarbeiterbeurteilung geben dem Beurteilten ein Feedback. Dies kann zu erhöhter Motivation der Mitarbeiter führen.

(Bröckermann 2001, S. 174 ff.; Mentzel 1992, S. 82 ff.; Watzka 1995, S. 176ff.; Curth/Lang 1990, S. 3ff.; Hentze/Kammel 2001, S. 279; Hering/Zeiner 1992, S. 119).

4.5.2 Klassifizierung und Bestandteile der Mitarbeiterbeurteilung

Die Mitarbeiterbeurteilung kann man in die Leistungs- und die Potenzialbeurteilung unterteilen. Bei der Leistungsbeurteilung dienen die in der Vergangenheit erbrachten Leistungen eines Mitarbeiters als Beurteilungsgegenstand (Olfert/Steinbuch 1990, S. 220; Curth/Lang 1990, S. 237). Diese Art der Beurteilung bezieht sich ausschließlich auf quantitative Kriterien wie z.B. Arbeitsergebnis, fachliches Können oder die Belastbarkeit der Mitarbeiter (Bröckermann 2001, S. 189). Die Potenzialbeurteilung ist zukunftsorientiert. Sie soll klären, ob die Mitarbeiter künftigen Anforderungen auf der Basis ihrer gegenwärtigen Kenntnisse, Fähigkeiten und Verhaltensweisen gewachsen sind (Bröckermann 2001, S. 189; Curth/Lang 1990, S. 249).

Nach der Systematik ist zwischen freien und gebundenen Mitarbeiterbeurteilungen zu unterscheiden (Curth/Lang 1990, S. 26). Bei der freien Mitarbeiterbeurteilung wählt der Beurteiler das Beurteilungsverfahren, die Beurteilungskriterien und nimmt die Gewichtung der Merkmale vor. Bei der gebundenen Beurteilung hat sich der Beurteiler an ein vorgegebenes Beurteilungssystem zu halten. Hier sind Beurteilungsverfahren, -kriterien, -gewichtung und der Beurteilungsmassstab festgelegt (Bröckermann 2001, S. 177; Olfert/Steinbuch 1990, S. 223). Des weiteren kann man zwischen summarischen und analytischen Mitarbeiterbeurteilungen differenzieren (Mentzel 1992, S. 86; Hentze/Kammel 2001, S. 283). Bei der summarischen Beurteilung bildet der Gesamteindruck den Bewertungsgegenstand und nicht einzelne Beurteilungskriterien (Hentze/ Kammel 1993, S. 113). Bei der analytischen Beurteilung werden mehrere Beurteilungskriterien von den Beurteilern einzeln durchdacht und daraus ein Gesamtergebnis gebildet (Olfert/Steinbuch 1990, S. 224; Becker/Engländer 1994, S. 15). Dies soll zu einer größeren Objektivität der Ergebnisse führen.

Klassifiziert nach Verfahren kann man die Mitarbeiterbeurteilung in Rangordnungsverfahren, Kennzeichnungsverfahren und Einstufungsverfahren unterteilen. Bei Rangordnungsverfahren werden für die einzelnen Beurteilungskriterien Rangfolgen der Mitarbeiter gebildet (Bröckermann 2001, S. 184; Curth/Lang 1990, S. 243). Als Ergebnis sieht man die relative Stellung jedes Beurteilten bezogen auf bestimmte Leistungen auf einer Ordinalskala. Bei Kennzeichnungsverfahren sollen die Beurteiler angeben, ob bestimmte vorgegebene Kriterien auf den Beurteilten zutreffen oder nicht. Bei dem Einstufungsverfahren wird für jedes Beurteilungskriterium eine Beurteilungsskala vorgegeben (Bröckermann 2001, S. 181; Curth/Lang 1990, S. 245). Der Beurteiler muss die von ihm beobachtete Leistung auf dieser Ordinalskala einstufen.

In der Unternehmerpraxis wird häufig das gebundene analytische Einstufungsverfahren der Mitarbeiterbeurteilung angewendet. Durchgeführt wird die Mitarbeiterbeurteilung i.d.R. durch den direkten Vorgesetzten, da dieser die Aufgabenstellung und die quantitativen und qualitativen Ergebnisse des Mitarbeiters am besten kennt (Bröckermann 2001, S. 182; Mentzel 1992, S. 84). Die Mitarbeiterbeurteilung beinhaltet folgende systematischen Bestandteile:

Beobachten => Beschreiben => Bewerten => Beurteilungsgespräch

(Bröckermann 2001, S. 201; Mentzel 1992, S. 85; Curth/Lang 1990, S. 19)

Die Beobachtung ist eine Daueraufgabe des direkten Vorgesetzten (Mentzel 1992, S. 85). Die Beobachtung soll sich auf die regelmäßige Arbeitsleistung und das regelmäßige Arbeitsverhalten des Beobachteten beziehen und nicht durch Einzelbeobachtungen, Vorurteilen und durch Urteile auf Hörensagen bestimmt werden (Bröckermann 2001, S. 201). Die Beschreibung dient dazu, Ordnung in die Einzelbeobachtungen zu bringen und Tendenzen festzustellen (Bröckermann 2001, S. 202; Mentzel 1992, S. 85). Bei der Bewertung wird ein geeigneter Maßstab an die systematisch beschriebenen Beobachtungen angelegt.

Zu einer vollständigen Mitarbeiterbeurteilung gehört auch immer das Beurteilungsgespräch. In diesem Gespräch soll der Mitarbeiter Feedback erhalten,und es sollen aufgrund der Ergebnisse Maßnahmen (z.B. Förderung und Entwicklung des Mitarbeiters) festgesetzt werden (Mentzel 1992, S. 105; Curth/ Lang 1990, S. 23; Becker/Engländer 1994, S. 27).

Aufgrund der Zielsetzung der jeweiligen Mitarbeiterbeurteilung werden die Beurteilungskriterien auswählt (Hentze/Kammel 2001, S. 292). Die Beurteilungskriterien können sich auf die Arbeitsleistung und das Arbeitsverhalten aber auch auf persönliche Eigenschaften des Beurteilten beziehen. In der folgenden Abbildung werden die in der betrieblichen Praxis häufig vorkommenden Beurteilungskriterien genannt:

Anpassungsfähigkeit	Benehmen	Kontrolle
Ansehen	Delegation	Kooperationsfähigkeit
Arbeitseinsatz	Durchsetzungsvermögen	Kostenbewusstsein
Arbeitseinstellung	Ehrlichkeit	Kreativität
Arbeitsqualität	Einsatzbereitschaft	Menschenkenntnis
Arbeitsquantität	Entwicklungsfähigkeit	Organisationstalent
Arbeitsverhalten	Entscheidungsbereitschaft	Pflichtbewusstsein
Arbeitstempo	Fachwissen	Sachkenntnis
Aufrichtigkeit	Führungsfähigkeit	Selbständigkeit
Auftreten	Informationsbereitschaft	Sorgfalt
Ausdrucksfähigkeit	Initiative	Tatkraft
Belastbarkeit	Kontaktfähigkeit	Verhandlungsfähigkeit

Abb. 4.5.1. Beurteilungskriterien einer Mitarbeiterbeurteilung
(Quelle: Mentzel 1992, S. 87)

Die Kriterien können sich auf die Leistung, die Führung, das Verhalten, die
Qualifikation, das Potenzial und auf die Persönlichkeit des Beurteilten beziehen
(Hentze/ Kammel 2001, S. 293). Folgende Grundsätze können bei der Auswahl
von Beurteilungskriterien hilfreich sein:

• Die ausgewählten Merkmale sollen sich auf die Tätigkeit bzw. das Tätig-
keitsergebnis beziehen und bei der beurteilten Tätigkeit auch tatsächlich vor-
kommen.

• Die Beurteilungskriterien müssen eindeutig voneinander abgrenzbar sein.

• Nur eine überschaubare Zahl von Merkmalen soll aufgenommen werden.

(Mentzel 1992, S. 88; Becker/Engländer 1994, S. 20).

Das Ergebnis der Mitarbeiterbeurteilung wird in einem Beurteilungsbogen fest-
gehalten. Ein Beurteilungsbogen sollte aus folgenden Bestandteilen zusammen-
gesetzt sein (Bröckermann 2001, S. 194ff; Mentzel 1992, S. 91ff; Fellenstein
1996, S. 59):

• sachlich-organisatorische Angaben

• Kurzbeschreibung der Aufgaben

• Leistungsbeurteilung

• Eignungs- und Entwicklungsbeurteilung

• Empfehlung zur Förderung des Mitarbeiters

• Stellungnahme des Mitarbeiters

4.5.3 Die Leistungsbeurteilung der DaimlerChrysler AG

Bei der DaimlerChrysler AG im Werk Gaggenau wird die Leistungsbeurteilung (u.a.) zur Festsetzung einer Leistungszulage auf das Tarifgehalt eingesetzt (Watzka 1995, S. 184). Die Leistungsbeurteilung soll für jeden Mitarbeiter vom direkten Vorgesetzten einmal jährlich durchgeführt werden (Watzka 1995, S. 184). Für die Leistungsbeurteilung sind 17 Beurteilungskriterien vorgegeben, von denen der Vorgesetzte (je nach Mitarbeitergruppe) 8-13 auswählen soll (Watzka 1995, S. 185).

Anwendung manueller Fertigkeiten	Ausdrucksvermögen
Anwendung von Kenntnissen	Überzeugungsfähigkeit
Selbständigkeit	Einsatzbereitschaft
Initiative	Zusammenarbeit
Auffassungsgabe	Kontaktpflege
Urteilsvermögen	Motivierung von Mitarbeitern
Zuverlässigkeit der Arbeitsausführung	Einsatz von Mitarbeitern
Zweckmässigkeit der Arbeitsweise	Ideenfindung

Abb. 4.5.2 Beurteilungskriterien bei der DaimlerChrysler AG
(Quelle: Watzka 1995, S. 186 ff.)

Um eine Vergleichbarkeit der Ergebnisse der Mitarbeiterbeurteilung zwischen allen Mitarbeitern sicherzustellen, sind die fünf Kriterien, Anwendung von Kenntnissen, Zuverlässigkeit der Arbeitsausführung, Zweckmäßigkeit der Arbeitsweise, Einsatzbereitschaft und Zusammenarbeit bei allen Mitarbeitern zu beurteilen (Watzka 1995, S.185). Die Beurteilung erfolgt mit Hilfe einer siebenstufigen Skala mit den Werten 10 bis 16 (Watzka 1995, S. 189). Der Gesamtbeurteilungswert wird durch Addition aller Werte und anschließender Division durch die Zahl der beurteilten Kriterien ermittelt. In einem anschließendem Beurteilungsgespräch zwischen Beurteiler und Mitarbeiter werden die Ergebnisse der Beurteilung besprochen und Maßnahmen abgeleitet (u.a. die Höhe der Leistungszulage). Die Leistungszulage stellt einen Aufschlag auf das tarifliche Grundgehalt dar (Watzka 1995, S. 193). Diese wird jeweils rückwirkend zum 01. Januar direkt gehaltswirksam (Watzka 1995, S. 193). Die Kopplung der Leistungszulagen an die Ergebnisse der Mitarbeiterbefragung führt zu einer leistungsgerechteren Bezahlung der Mitarbeiter und somit auch zu motivierteren Mitarbeitern (Becker/Engländer 1994, S. 23).

Gesamtbeurteilungswert	Leistungszulage (in Euro)
11	0
11,5	41
12	81,5
12,5	122,5
13	163,5
13,5	204
14	245
14,5	286
15	326,5
15,5	367,5
16	408,5

Abb. 4.5.3 Zusammenhang zwischen Mitarbeiterbeurteilungswert und tariflicher Gehaltszulage (Quelle: Watzka 1995, S. 193)

In der Abb. 4.5.3. ist die jeweilige Höhe der Gehaltszulage bezogen auf das Gesamtbeurteilungswert aufgeführt.

4.5.4 Vorteile, Nachteile und Beurteilungsfehler

Vorteile der Mitarbeiterbeurteilung sind u.a.:

⇨ Bessere Potenzialnutzung durch optimalen Einsatz und Förderung der Mitarbeiter.

⇨ Durch regelmäßige Beurteilungen (und Zeitreihenvergleiche) können die Ergebniswirkungen personalpolitischer Entscheidungen (z.B. Beförderung oder Entwicklung) festgestellt und analysiert werden (Wunderer/Schlagenhaufer 1994, S. 68).

⇨ Durch das Beurteilungsgespräch kann die Kommunikation zwischen dem Vorgesetzten und dem Mitarbeiter verbessert werden (Hentze/Kammel 2001, S. 115).

⇨ Die Mitarbeiter haben durch die Mitarbeiterbeurteilung die Möglichkeit der Orientierung durch Feedback (Wunderer/Schlagenhaufer 1994, S. 68).

Die Mitarbeiterbeurteilung hat u.a. folgende Nachteile:

⇨ Hohe Arbeitsbelastung für den Beurteiler durch Beobachtung, Bewertung u. Durchführung der Beurteilungsgespräche (Watzka 1995, S. 178; Bröckermann 2001, S. 208)

⇨ Demotivation und Resignation der Mitarbeiter, wenn sie sich ungerecht beurteilt fühlen. Fehlerhafte Mitarbeiterbeurteilungen können zu Konflikten zwischen Vorgesetzten und Mitarbeiter führen und dessen Beziehung auf Dauer negativ beeinträchtigen.

⇨ Beurteilungsfehler, die zu fehlerhaften Personalbeurteilungen führen, sind nicht ganz auszuschließen. Diese können in jeder Phase der Beurteilung entstehen (Mentzel 1992, S. 108; Bröckermann 2001, S. 208; Curth/Lang 1990, S. 28ff).

Intrapersonelle Einflüsse	Interpersonelle Einflüsse	Situative Faktoren	Beurteilungsverfahren
Selektive Wahrnehmung	Sympathie & Antipathie	Einflüsse der Situation	Nicht exakt bestimmbare Kriterien
Vorurteile	Erster Eindruck	Einflüsse außerhalb der Situation	Unzureichende Übung
Statusfehler	Halo-Effekt		
Persönliches Wertesystem	Reihenfolge-Effekt		
Beurteilertyp	Andorra-Phänomen		
Egoismus	Dominanz		

Abb. 4.5.4 Ursachen für Beobachtungs- und Beurteilungsfehler
(Quelle: Bröckermann 2001, S. 197)

Intrapersonelle Einflüsse sind auf die Persönlichkeit des Beurteilers zurückzuführen, interpersonelle auf Beziehungen zwischen Beurteiler und Beurteiltem (Mentzel 1992, S. 108). Bei der selektiven Wahrnehmung nimmt der Beurteiler nur einen Teil des Geschehens seiner Umwelt wahr. Diese unbewusste Selektion kann aufgrund der persönlichen Situation, Interessen oder Einstellungen des Beurteilers erfolgen (Mentzel 1992, S. 109; Bröckermann 2001, S. 196). Kein Mensch ist frei von Vorurteilen. Diese können sich z.B. auf die Nationalität, das Aussehen, das Geschlecht oder auf die Kleidung beziehen (Curth/Lang 1990, S. 30; Becker/Engländer 1994, S. 25). Von einem Statusfehler spricht man, wenn Mitarbeiter der oberen hierarchischen Ebene bei gleicher Merkmalsausprägung besser beurteilt werden als Mitarbeiter unterer Ebenen (Bröckermann 2001, S. 196; Hentze/Kammel 2001, S. 282). Der Beurteiler sollte sich nicht an persönlichen Maßstäben, sondern an der betrieblichen Normalleistung orientieren, da diese maßgebend für die Beurteilung ist (Fellenstein 1996, S. 62). Wenn ein Beurteiler seine Mitarbeiter bewusst falsch beurteilt liegt egoistisches Verhalten vor. Dies kommt in der Praxis häufig vor. Beispielsweise werden gute Mitarbeiter von ihren Vorgesetzten wissentlich schlecht beurteilt, um sie am beruflichen Weiterkommen zu hindern und somit der eigenen Abteilung zu erhalten (Mentzel 1992, S. 110; Fellenstein 1996, S. 62; Bröckermann 2001, S. 198). Das Ergebnis der Beurteilungen hängt wesentlich vom Beurteilertypen ab. Diese kann man in objektive, nachsichtige, scharfe und vorsichtige Beurteilertypen klassifizieren (Mentzel 1992, S. 111; Curth/Lang 1990, S. 34). Der Erste Eindruck, Sympathie und Antipathie wirken unbewusst auf das Urteil ein. Dies kann man vermeiden bzw. reduzieren, indem man den Beurteiler diesbezüglich in Schulungen sensibilisiert (Mentzel 1992, S. 110; Bröckermann 2001, S. 198). Vom Halo-Effekt spricht man, wenn die Beurteiler von einzelnen auffallenden Leistungen auf das Gesamtbild des Beurteilten schließen (Hentze/Kammel 2001, S. 282; Becker/Engländer 1994, S. 25). Vom Andorra-Phänomen spricht man, wenn der Mitarbeiter sich unbewusst der Vorstellung anpasst, die sich der Vorgesetzte von ihm macht (Curth/Lang 1990, S. 33). Beurteilungsfehler können auch von der subjektiven Situation des Beurteilers abhängig sein. Dies kann von der physischen und psychischen Verfassung des Beurteilers (z.B. kann ein seelisches Tief zu tendenziell schlechteren Urteilen führen), von der verfügbaren Zeit oder aber auch von den äußeren Umgebung (z.B. Hitze oder Lärm) abhängen.

4.5.5 Fazit

Die Mitarbeiterbeurteilung ist ein Instrument, dass sowohl die gegenwärtige Leistung als auch das Potenzial der einzelnen Mitarbeiter ermitteln kann. Um qualitativ gute Ergebnisse zu erhalten, sollte man neben der systematischen Vorgehensweise v.a. auf die richtige Auswahl der Beurteilungskriterien (je nach Zielsetzung) Wert legen. Für das Personalcontrolling liefert die Mitarbeiterbeurteilung wichtige Informationen für zukünftige personalstrategische Entscheidungen. So kann man auf der Grundlage der Ergebnisse Massnahmen wie Beförderung, Versetzung, Entwicklung, Beschaffung oder Entlassung planen und einleiten. Der optimale Einsatz und die optimale Entwicklung der Mitarbeiter führt zur Effizienzsteigerung im Personalbereich. Es werden z.B. Fehlinvestitionen minimiert, indem nur die Mitarbeiter gefördert werden, die aufgrund der Ergebnisse der Mitarbeiterbeurteilung auch entwicklungsfähig sind. Des weiteren kann auch eine leistungsgerechtere Bezahlung (auf der Basis von Beurteilungsergebnissen) einerseits zu Kosteneinsparungen und andererseits zu erhöhter Motivation bei den Mitarbeitern führen. Die Mitarbeiterbeurteilung dient aber auch als Kontrollinstrument. So kann man z.B. den Erfolg einer Personalentwicklungsmaßnahme bestimmen, indem man eine Mitarbeiterbeurteilung vor und nach der jeweiligen Maßnahme durchführt und die Ergebnisse miteinander vergleicht. Als Personalcontrolling Instrument kann die Mitarbeiterbeurteilung so durch einen gezielten Einsatz für die jeweiligen Zwecke und der Maßnahmen die Aufgrund dieser Informationen eingeleitet werden, einen Beitrag zum Unternehmenserfolg leisten.

Um eine Aussagefähigkeit der Ergebnisse zu erhalten, kann man die Beurteilungen an Sollwerten, durch Zeitreihenvergleiche oder die Beurteilungsergebnisse miteinander vergleichen. Die Objektivität der Beurteilung kann erhöht werden, indem die Beurteiler vor der jeweiligen Beurteilung geschult werden, und in dieser Schulung z.B. auf die klassischen Beurteilungsfehler aufmerksam gemacht werden.

Eine Gefahr liegt darin, dass die Mitarbeiterbeurteilung in der Praxis vom Vorgesetzten eher als „Pflichtübung" betrachtet wird. Dies mag daran liegen, weil z.B. ein Abteilungsleiter an seinen Umsätzen gemessen wird. Die Mitarbeiterbeurteilung aber ist sehr zeitaufwendig. Durch die Beurteilung und durch das Beurteilungsgespräch werden die Kapazitäten des Beurteilers und des Beurteilten für diese Zeit gebunden. Diese können für diese Zeit keinen Umsatz generieren. Da aber der Vorgesetzte an den aktuellen Umsatzzahlen seiner Abteilung gemessen wird, besteht die Gefahr, dass die Mitarbeiterbeurteilung nicht sorgfältig durchgeführt wird und somit seinen Zweck nicht erfüllt. Um dem entgegenzuwirken kann das Personalcontrolling eine wichtige Rolle einnehmen. Mitarbeiter aus dem Personalcontrolling können dem Beurteiler während der Beurteilung zur Seite stehen, sie hinsichtlich gängiger Beurteilungsfehler sensibilisieren, bei Verständlichkeitsproblemen bezüglich der Beurteilungskriterien helfen und die systematische und die objektive Durchführung gewährleisten. Dadurch kann das Personalcontrolling die Validität der erhobenen Daten, die die Grundlage für wichtige personalpolitische Entscheidungen sind, erhöhen.

Die Mitarbeiterbeurteilung erfüllt die Personalcontrolling Aufgabe der Informationsbeschaffung (die für eine effektive Planungs- und Steuerungsentscheidungen benötigt werden) und der Kontrolle. Trotz der Kosten einer Mitarbeiterbeurteilung, die vor allem durch Kapazitätsbindungen entsteht, bietet die Beurteilung bei objektiver Durchführung dem Unternehmen langfristig die Chance sein Personal optimal auf die Bedürfnisse des Wettbewerbs auszurichten. Für die Personalplanung können diese Daten essentielle Informationen sein um die Humanressourcen an die Unternehmensziele optimal auszurichten, und somit bei schnelllebigen Märkten durch rechtzeitigen bestmöglichen Einsatz und Entwicklung der Mitarbeiter Wettbewerbsvorteile zu erzielen. Der positive qualitative Nutzen die durch Mitarbeiterbeurteilungen entstehen können ist auch nicht zu unterschätzen. So kann die Motivation der Mitarbeiter erhöht werden. Diese kann z.B. durch leistungsabhängige Bezahlung (Kap. 4.5.3), durch Feedback und Anerkennung für die Mitarbeiter oder durch eine bessere Kommunikation der Mitarbeiter mit den Vorgesetzten (durch die regelmäßigen Beurteilungsgespräche) entstehen.

4.6 Personalportfolios

4.6.1 Definition, Ziele und Ursprung

Personalportfolios sind vereinfachte optische Darstellungen personalstrategisch wichtiger Informationen (z.B. Mitarbeiterpotenzial) in einer zweidimensionalen Matrix (Wimmer/Neuberger 1998, S. 112; Schulte 2002, S. 95; Amling 1997, S. 63). Die beiden Dimensionen beinhalten entweder einen Ist-Zustand und einen potenziellen (Soll) Zustand oder eine personalwirtschaftliche und eine unternehmensstrategische Dimension (Schulte 2002, S. 95). Dabei werden mit dem

Einsatz des Personalportfolios folgende Ziele verfolgt (Fellenstein 1996, S. 40; Hentze/Kammel 1993, S. 98; Wimmer/Neuberger 1998, S. 112):

- Identifikation von Stärken und Schwächen der Mitarbeiterstruktur
- Aufdeckung personalbezogener Chancen und Risiken
- Hilfestellung bei der Entwicklung von Personalstrategien
- Integration von Humanressourcen in die Entwicklung der Unternehmensstrategie
- Verbesserung der Nutzung der Mitarbeiterressourcen durch problem- und zielgruppenspezifische Maßnahmen

Die Ursprünge der Personalportfolios liegen im wesentlichen auf dem Produkt/Markt-Portfolio der Boston Consulting Group (Witt 1991, S. 240; Papmehl 1990, S. 56; Fellenstein 1996, S. 40).

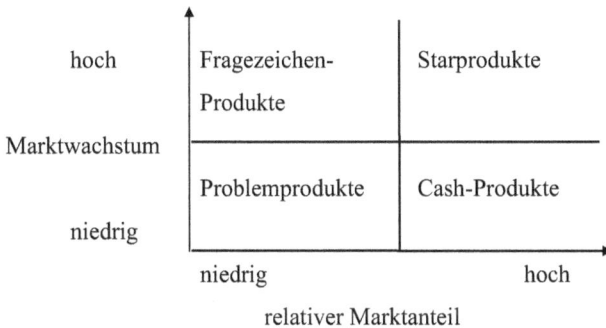

Abb. 4.6.1 Produkt/Markt-Portfolio der Boston Consulting Group
(Quellen: Pfeiffer/Metze/Schneider 1991, S. 66; Hering/Zeiner 1992, S. 78)

Dieses Produkt/Markt-Portfolio, das v.a. im Marketingbereich des Unternehmens angewendet wird, hat die Dimensionen des relativen Marktanteils und Marktwachstums. Aufgrund der Positionierung der Produkte in der Matrix können strategische Entscheidungen getroffen werden. So sind die Produkte, die in der Position Stars eingeordnet sind, gekennzeichnet durch hohes Marktwachstum und einen hohen relativen Marktanteil. Diese Produkte erbringen hohe finanzielle Erlöse. Für diese Produkte könnte man daher z.B. die Entscheidung treffen die eingenommene Position durch Reinvestitionen zu festigen.

4.6.2 Personalportfolios auf Unternehmens- und auf Individualebene

Portfolios sind vielseitig anwendbar. Auch im Personalbereich gibt es keine Standardisierung. So können u.a. hierarchiespezifische Personalportfolios (z.B. Führungskräfteportfolio oder Sachbearbeiterportfolio), Funktions- bzw. Geschäftsbereichsportfolios (z.B. Planung und Analyse der Personalqualität der Unternehmensfunktion Produktion) oder zielspezifische Personalportfolios (z.B.

Ermittlung von Personalentwicklungskosten durch Erfassung der Kosten der Entwicklungsmaßnahmen und Vergleich mit der entsprechenden Mitarbeiterleistung im Zeitablauf) eingesetzt werden (Witt 1991, S. 242; Papmehl 1990, S. 60). In der Fachliteratur wird aber meist zwischen Personalportfolios auf Unternehmens- und auf Individualebene differenziert. Ein Personalportfolio auf Unternehmensebene ist das Human Ressourcen Portfolio. Mit dem Human Ressourcen Portfolio soll festgestellt werden, ob Unterschiede zwischen der vorhandenen Personalqualität und der in den jeweiligen Geschäftsbereichen für die Realisierung der Strategie benötigten Personalqualität besteht (Amling 1997, S. 64). Das Human Ressourcen Portfolio dient also der Ermittlung des Personalentwicklungsbedarfs. Die Anwendung des Human Ressourcen Portfolios erfolgt in fünf Arbeitsschritten:

- Auswahl der Planungs- und Analyseeinheit
- Analyse des Ist-Zustandes (Ist-Portfolio)
- Planung des Soll-Zusandes (Ziel-Portfolio)
- Planung personalpolitischer Strategien
- Realisation und Kontrolle

(Wimmer/Neuberger 1998, S. 114; Amling 1997, S. 64)

Zuallererst ist eine Planungs- bzw. eine Analyseeinheit festzulegen. Planungseinheiten können z.B. Geschäftsbereiche (z.B. Produkt- oder Kundengruppen), Funktionsbereiche oder Abteilungen sein (Amling 1997, S. 64; Schulte 2002, S. 97; Hentze/Kammel 1993, S. 98). Im folgenden Human Ressourcen Portfolio sind die strategischen Geschäftsbereiche die Planungseinheiten. Im Ist-Portfolio werden die strategischen Geschäftseinheiten in der zweidimensionalen Matrix positioniert.

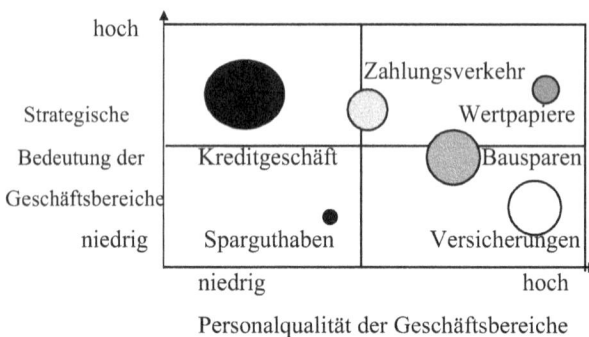

Abb. 4.6.2 Human Ressourcen (Ist) Portfolio
(Quellen: Hentze/Kammel 1993, S. 99; Witt 1991, S. 246)

In der Matrix eignet sich die Grösse der Kreise, um die Anzahl an Mitarbeitern der jeweiligen Geschäftsbereiche darzustellen (Fellenstein 1996, S. 42; Amling 1997, S. 65). Die Ordinate beschreibt die von der Unternehmensleitung angestrebte, zukünftige strategische Bedeutung der Geschäftsbereiche in denen die Mitarbeiter eingesetzt werden. Auf der Abszisse wird die gegenwärtige Qualität des Personals in Bezug auf zukünftige Anforderungsmerkmale dieser Geschäftsbereiche, abgetragen (Hentze/Kammel 1993, S. 100). Der Erstellung eines Personalportfolios muss stets eine systematische Analyse der beiden in der Dimensionen stehenden Beurteilungskriterien vorausgehen, d.h. welche Merkmale legen die Personalqualität der Mitarbeiter in Bezug auf die zu erfüllenden Aufgaben fest (Amling 1997, S. 65; Schulte 2002, S. 98). Diese können u.a. die Motivation, die Kreativität, das Fachwissen, Fremdsprachenkenntnisse und die Altersstruktur sein (Hentze/ Kammel 1993, S. 99; Wimmer/Neuberger 1998, S. 114; Fellenstein 1996, S. 40). Im dritten Arbeitsschritt wird ausgehend von dem Ist-Portfolio ein Ziel-Portfolio erstellt, indem die am Ende der Planungsperiode angestrebten Konstellationen der Planungseinheiten enthält, die den Erfordernissen der Unternehmensstrategie gerecht wird (Schulte 2002, S. 98; Amling 1997, S0. 65; Hentze/Kammel 1993, S. 100). Anhand des Ziel Portfolios ist zu prüfen, ob die personelle Situation eine Engpasssituation oder Gefährdung auf die Unternehmensziele ausübt bzw. die Umsetzung der Unternehmensstrategien unterstützt (Schulte 2002, S. 98; Amling 1997, S. 66). Durch Vergleiche beider Portfolios können Abweichungen festgestellt und Maßnahmen zur Erreichung der strategischen Ziele eingeleitet werden. Treten hierbei signifikante Abweichungen auf, sollte die Mitarbeiterstruktur der Unternehmensstrategie angepasst werden (Schulte 2002, S. 98). Bei diesen Modifikationen müssen Restriktionen wie z.B. begrenztes Entwicklungspotenzial der Mitarbeiter oder finanzielles Budget beachtet werden (Amling 1997, S. 66). Es kann z.B. sein, dass die finanziellen Möglichkeiten des Unternehmens für die notwendige Entwicklung und/oder Beschaffung des Personals nicht ausreicht oder aber der Arbeitsmarkt die benötigte Qualität der Mitarbeiter nicht hergibt. In diesem Fall muss in Betracht gezogen werden, die Unternehmensstrategie dem Mitarbeiterpotenzial anzupassen. Für die einzelnen Portfoliopositionen werden Personalstrategien normativ zugeordnet (Wimmer/ Neuberger 1998, S. 114).

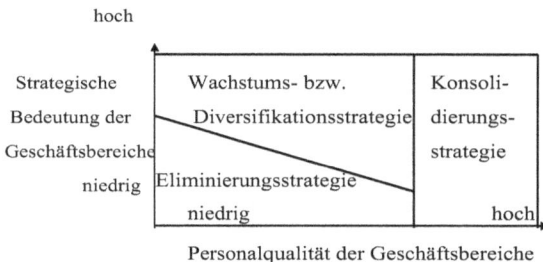

hoch

Strategische Bedeutung der Geschäftsbereiche	Wachstums- bzw. Diversifikationsstrategie	Konsolidierungsstrategie
niedrig	Eliminierungsstrategie	
	niedrig	hoch

Personalqualität der Geschäftsbereiche

Abb. 4.6.3 Normstrategien im Rahmen der Personalportfolio Analyse
(Quellen: Amling 1997, S. 67; Fellenstein 1996, S. 43; Hentze/Kammel 1993, S. 101)

Entsprechend der Positionierung der Geschäftsbereiche bilden die Normstrategien die Grundlage für weitergehende und differenziertere Planungsaktivitäten
(Schulte 2002, S. 98; Wunderer/Schlagenhaufer 1994, S. 71; Hentze/Kammel
1993, S. 100).

• Wachstumsstrategie = Erhöhung der Personalqualität und -quantität in ange-
  stammten Tätigkeitsfeldern

• Diversifikationsstrategie = Aufbau eines Personalstamms in neuen Tätigkeitsfeldern

• Konsolidierungsstrategie = Erhalten der Personalqualität bei gleichzeitiger
  Suche nach Rationalisierungspotenzialen

• Eliminierungsstrategie = Abbau von Personal

Auf der Grundlage dieser Normstrategien lassen sich dann unter Berücksichti-
gung verschiedener Einflussfaktoren wie Unternehmensphilosophie, Budget,
Gesetzgebung, Gewerkschaft oder Arbeitsmarktverhältnisse konkrete operative
Personalmassnahmen planen (Schulte 2002, S. 99; Amling 1997, S. 67).

Sind die einzelnen Mitarbeiter die Planungs- und Analyseeinheiten, spricht man
von Personalportfolios auf Individualebene (Amling 1997, S. 67). Ein Personalportfolio auf Individualebene ist das Mitarbeiterportfolio. Das Mitarbeiterportfolio ist ein Instrument, welches die Potenzial- und die Leistungsbeurteilung
miteinander kombiniert (Fopp 1982, S. 334). Es enthält die zwei Dimensionen,
aktuelle Leistungsfähigkeit und zukünftiges Potenzial der Mitarbeiter (Fopp
1982, S. 334).

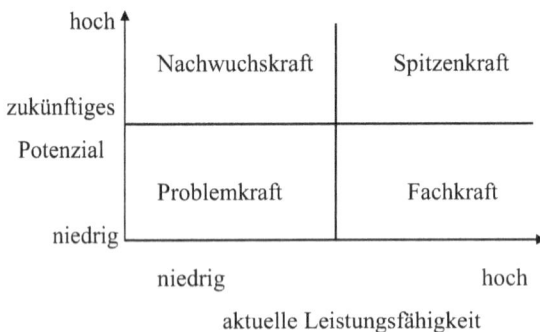

Abb. 4.6.4 Das Mitarbeiterportfolio
(Quellen: Fopp 1982, S. 334; Schulte 2002, S. 100; Ziegenbein 2002. S. 406)

Beim Mitarbeiterportfolio werden vier Kategorien gebildet (Nachwuchskraft,
Spitzenkraft, Problemkraft und Fachkraft). Durch die Beurteilung der Mitarbeiter in ihrer aktuellen Leistungsfähigkeit und ihr zukünftiges Potenzial, und die
Kombination dieser zwei Dimensionen, erfolgt eine Positionierung der Mitarbeiter in einer dieser vier Kategorien. Beurteilungskriterien für die aktuelle
Leistungsfähigkeit des Mitarbeiters können z.B. der Grad der Zielerreichung
oder die Erfüllung der in der Stellenbeschreibung festgelegten Aufgaben sein

(Fopp 1982, S. 335). Eine Positionierung der Mitarbeiter in das Portfolio kann auch aufgrund der ermittelten Leistung aus der Leistungsbeurteilung erfolgen (Wunderer/Jaritz 1999, S. 130). Das zukünftige Potenzial des Mitarbeiters kann z.b. durch dessen Teamfähigkeit, dessen Sprachkenntnisse oder dessen Kreativität im Portfoliomatrix eingestuft werden (Fopp 1982, S. 335). Diese Beurteilungskriterien sind je nach der zu analysierenden Mitarbeitergruppe (z.b. Führungskräfte, Vertriebsmitarbeiter, Arbeiter) individuell zu bestimmen. Durch die Positionierung der einzelnen Mitarbeiter in den Dimensionen der aktuellen Leistungsfähigkeit und des zukünftigen Potenzials lässt sich im erarbeiteten Ist-Portfolio erkennen, ob das Unternehmen einen (bezogen auf ihre strategischen Ziele) ausgewogenes und qualifizierten Mitarbeiterstamm verfügt (Fopp 1982, S. 335; Wunderer/Schlagenhaufer 1994, S. 69). Aus diesen Erkenntnissen können mitarbeiterspezifische Maßnahmen eingeleitet werden, die die Leistungsfähigkeit der Mitarbeiter an die strategischen Unternehmensziele anpassen. Diese Maßnahmen sollten sich an den Normstrategien der vier Mitarbeiterkategorien orientieren (Fopp 1982, S. 335; Ziegenbein 2002, S. 291):

• Nachwuchskraft = Aufbauen durch systematische Einführung in die Unternehmenspraxis und gezielter Fachschulung

• Spitzenkraft = Ausbauen durch z.b. Beförderungen in Position mit mehr Verantwortung

• Fachkraft = Ernten durch bestmögliche Ausnutzung vorhandener Fähigkeiten

• Problemkraft = Abbauen durch Versetzung oder Kündigung

4.6.3 Vor- und Nachteile

Personalportfolios haben u. a. folgende Vorteile:

⇨ Transparenzschaffung und leichte Handhabung für die Unternehmensführung (Witt 1991, S. 241)

⇨ Durch die Visualisierung bietet das Personalportfolio auch einer heterogen zusammengesetzten Geschäftsleitung eine gute Diskussionsgrundlage (Wunderer/Schlagenhaufer 1994, S. 71; Amling 1997, S. 71).

⇨ Personalportfolios sorgen zu Komplexitätsreduktion und zu einer strukturierten Darstellung der jeweiligen Dimensionen (Hentze/Kammel 1993, S. 101).

⇨ Das Personalportfolio kann als Führungs- bzw. Beurteilungsinstrument genutzt werden (Amling 1997, S. 71; Wunderer/Schlagenhaufer 1994, S. 71).

Dem gegenüber stehen folgende Nachteile:

⇨ Trivialisierung und einseitige Betrachtung personalstrategischer Sachverhalte (Witt 1991, S. 241)

⇨ Probleme können bei der Quantifizierung der qualitativen Dimensionen (z.B. Personalqualität) auftreten (Hentze/Kammel 1993, S. 101).

⇨ Durch die Komplexitätsreduktion gehen wichtige Informationen verloren (zwei Dimensionen reichen für eine ganzheitliche Mitarbeiterbeurteilung nicht aus) (Amling 1997, S. 71; Fellenstein 1996, S. 44).

⇨ Mitarbeiter werden „schablonisiert" und wie Produkt/Markt-Kombinationen behandelt (Wunderer/Schlagenhaufer 1994, S. 71).

4.6.4 Fazit

Das Personalportfolio ist ein strategisches Personalcontrolling Instrument, das vor allem für die Analyse von qualitativen Objekten geeignet ist. Die Portfolio-Analyse beinhaltet die strategische Beurteilung einzelner Teilbereiche der Personalwirtschaft mit dem Ziel, die vorhandenen Personalressourcen so auszurichten, dass sie dem Unternehmen Wettbewerbsvorteile bringen. Personalportfolios können durch Zeitvergleiche oder Soll/Ist-Vergleiche zum Aufdecken von Stärken und Schwächen der Mitarbeiterstruktur bzw. Chancen und Risiken beitragen. Neben der Aufgabe der Transparenzschaffung (durch komprimierte Darstellung komplexer qualitativer Sachverhalte und deren Wirkungszusammenhänge) erfüllt das Personalportfolio ebenso die Personalcontrolling Aufgabe der Früherkennung. Durch die Früherkennung kann das Mitarbeiterpotenzial an die Unternehmensstrategie angepasst und somit optimal genutzt werden. Das Personalcontrolling kann die Aufgabe der Portfolioerstellung und der Analyse der Ergebnisse übernehmen. Des weiteren kann das Personalcontrolling den Entscheidungsträgern auch Maßnahmen für die zukünftige Personalstrategie vorschlagen.

Es ist fraglich, ob alleine die Anwendung von Personalportfolios einen positven Beitrag zum Unternehmenserfolg leisten kann. Würde das Unternehmen nur das Personalportfolio als Entscheidungsgrundlage für Personalstrategien nehmen, könnte dies zu Fehlinterpretationen und somit zu Fehlentscheidungen führen. Dies mag daran liegen, dass einerseits die Qualität des Portfolios sehr stark von den ausgewählten Beurteilungskriterien der Dimensionen abhängt und andererseits die Bewertung der einzelnen Objekte in den Dimensionen subjektiv erfolgt. Wenn z.B. bei einem Human Ressourcen Portfolio die strategische Bedeutung des Geschäftsbereichs Privatkunden als hoch eingestuft wird, kann es sein, dass die Personalqualität für die zukünftige Erfüllung der Aufgaben u.a. durch das Kriterium Fachkompetenz bestimmt wird. Fachkompetenzen eines Bankangestellten für Privatkunden können z.B. Kenntnisse im Zahlungsverkehr, im Kreditgeschäft oder im Bausparen sein. Wenn sich die Privatkunden aber plötzlich durch einen „Boom" der Aktienmärkte und durch die Massenmedien, die diese Euphorie verbreiten plötzlich massiv für Wertpapiere interessieren, kann dies durch den Mangel an Fachkompetenz der Bankangestellten (durch die falsche

Personalentwicklungsstrategie) zu erheblichen Umsatzeinbußen führen. Deswegen ist zu empfehlen, Portfolios als eine Art rollierendes Planungsinstrument einzusetzen, indem immer wieder neue Ist-Portfolios erstellt und mit dem Soll-Portfolio verglichen werden. Das Personalportfolio sollte nur als eine Art „Hilfsinstrument" von den Entscheidungsträgern angesehen werden. In Verbindung mit anderen Personalcontrolling Instrumenten können die Personalportfolios den Entscheidungsträgern einen Denkanstoss für die zu treffenden Entscheidungen geben.

5. Schlusswort

Diverse Entwicklungen (u.a. qualifiziertes Personal, der Trend zu Dienstleistungsunternehmen oder der steigende Wettbewerbsdruck) begünstigten, dass der Mensch zu einem wesentlichen Erfolgsfaktor im Unternehmen geworden ist. Aus diesem Grund rückt das Personal immer mehr in den Blickpunkt betriebswirtschaftlicher Optimierungsprozesse. Dies trägt auch dazu bei, dass die Bedeutung der Personalwirtschaft im Unternehmen zunimmt. Ihre Aufgabe ist es, das Personal, unter Berücksichtigung der ökonomischen und der sozialen Ziele, optimal auf die Unternehmensziele auszurichten (Kapitel 2.1). Das Personalcontrolling ist eine Funktion, welches die Personalwirtschaft dabei unterstützen soll. Aus dieser Situation ist diese Diplomarbeit entstanden.

In dieser Arbeit wurden die Instrumente des Personalcontrollings behandelt. Ziel der Arbeit war es die Instrumente strukturiert darzustellen, dessen Vorteile und Nachteile gegenüberzustellen und zu untersuchen ob die jeweiligen Instrumente einen positiven Beitrag zum Unternehmenserfolg leisten können. Zuerst wurden die Grundlagen der Personalwirtschaft und des Controllings und darauf Aufbauend das theoretische Konzept des Personalcontrollings skizziert. Im Hauptteil der Arbeit wurden wesentliche Instrumente des Personalcontrolling dargestellt und analysiert.

Dabei stellte sich heraus, dass die Instrumente des Personalcontrolling interdisziplinär sind. Die Kennzahlen haben ihren Ursprung im finanzwirtschaftlichen Bereich des Unternehmens, das Benchmarking hatte seinen Durchbruch im Logistikbereich, die Balanced Scorecard ist ein Controlling Instrument, das Personalportfolio basiert auf das Produkt/Markt-Portfolio aus dem Marketingbereich und die Mitarbeiterbeurteilung und -befragung sind klassische personalwirtschaftliche Instrumente. Alle diese Methoden und Verfahren sind nicht neu. Das neue ist deren bewusster, systematischer Einsatz für die zielorientierte Steuerung und Bewertung personalwirtschaftlicher Massnahmen. Personalcontrolling stellt somit eine neuartige Zusammenstellung und Nutzung herkömmlicher Instrumente dar.

Es stellte sich heraus, dass **Personalkennzahlen** durch die Ermittlung von Ursache-Wirkungszusammenhängen schrittweise Aussagen über qualitative Faktoren präzisieren und somit wahrscheinliche Interdependenzen aufzeigen können. Dadurch werden die Restrisiken einer Fehlentscheidung auf ein Minimum reduziert. Durch das Schaffen von Transparenz und Bereitstellen komprimierter Informationen für wichtige personalstrategische Entscheidungen können Personalkennzahlen zur langfristigen Steigerung des Unternehmenserfolges beitragen. Das **Benchmarking** bietet besonders für grosse Unternehmen eine Chance, die Effizienzen und die Effektivität der Personalprozesse, Personalstrategien, Personalfunktionen oder der Personalorganisationsstrukturen zu optimieren und somit ihre Wettbewerbsfähigkeit zu steigern. Die **Balanced Scorecard** ist ein komplexes strategisches Steuerungsinstrument, dass Visionen und Strategien operationalisiert. Durch die Operationalisierung und die Kommunikation macht die Balanced Scorecard den Beitrag der Personalarbeit zur Wertschöpfung messbar und steuerbar. Durch den Einsatz der **Mitarbeiterbefragung** und durch die Verbesserungsprozesse im Personalbereich (z.b. bedarfsgerechte Personalentwicklung), die auf die Ergebnisse der Befragungen beruhen, kann die Zufriedenheit und die Motivation der Mitarbeiter gesteigert werden. Dies kann dann zu produktiveren Mitarbeitern und somit zur Erfolgssteigerung des Unternehmens führen. Die **Mitarbeiterbeurteilung** liefert Informationen für Planungs- Steuerungs- und Kontrollzwecke. Für die Personalplanung können diese Daten essentielle Informationen sein um die Mitarbeiterressourcen optimal auf die Unternehmensziele auszurichten und somit bei schnellebigen Märkten durch rechtzeitigen bestmöglichen Einsatz und Entwicklung der Mitarbeiter Wettbewerbsvorteile zu erzielen. Durch komprimierte Darstellung komplexer qualitativer Sachverhalte und deren Wirkungszusammenhänge schafft das **Personalportfolio** Transparenz. Das Personalportfolio kann als Hilfsinstrument in Verbindung mit anderen Instrumenten den Entscheidungsträgern einen Denkanstoss für die zu treffenden Entscheidungen geben.

Die zusätzlichen Kosten, die für die Erstellung, Anwendung und Instandhaltung der Personalcontrolling Instrumente anfallen, sollten als langfristige Investitionen betrachtet werden. Zusammenfassend kann man sagen, dass Personalcontrolling Instrumente geeignet sind einerseits die Effizienz und die Effektivität im Personalbereich zu erhöhen und andererseits auch zu einer höheren Mitarbeiterzufriedenheit, -motivation und -loyalität beizutragen.

Literaturverzeichnis

Ackermann 2000: Ackermann, K.-F., Balanced Scorecard für Personalmanagement und Personalführung: Praxisansätze und Diskussion, Wiesbaden 2000.

Aldering 1997: Aldering, C., „Benchmarking von Management- bzw. Führungsqualitäten", in: Kienbaum, J., Benchmarking Personal: von den Besten lernen, Stuttgart 1997, S. 183-190.

Amling 1997: Amling, T.-K., Ansatzpunkte und Instrumente des Personal-Controlling auf der strategischen und operativen Problemebene im Industriebetrieb, Dissertation, Frankfurt am Main 1997.

Amling 1998: Amling, T.-K., „Personal-Controlling: Ansatzpunkte und Instrumente", in: Controller Magazin, Heft 4/1998, S. 249-253.

Bading/Ulbricht 1995: Bading, A. und Ulbricht, B., „Best in Class: Personalarbeit", in: Personalwirtschaft, Heft 10/1995, S. 23-26.

Becker/Engländer 1994: Becker, K. und Engländer, W., „Leistungsbeurteilung als eine Methode zur Ermittlung des Leistungsabhängigen Entgelts", in: Engländer, W. (Herausgeber), Leistungsbeurteilung und Zielvereinbarung: Erfahrungen aus der Praxis, Köln 1994, S. 11-33.

Bertram 1992: Bertram, C., Erfolgsorientiertes Personalcontrolling: Ansätze zur Messung des Erfolgs der Personalarbeit, Diplomarbeit, München 1992.

Brandt 1992: Brandt, J., Controlling I: Personal-Controlling, München 1992.

Brinkmann 1991: Brinkmann, H., Personalcontrolling als Wertschöpfung, Bergisch Gladbach 1991.

Bröckermann 2001: Bröckermann, R., Personalwirtschaft: Lehrbuch für das praxisorientierte Studium, 2. Auflage, Stuttgart 2001.

Bröckermann 2002: Bröckermann, R., „Personalplanung und -kontrolle", in: Bröckermann/ Pepels, Personalentwicklung: Akquisition-Bindung-Freistellung, Stuttgart 2002, S. 31-55.

Bruennecke/Canisius 1992: Bruennecke, K. und Canisius, E., „Open Line-Eine Mitarbeiterbefragung der HEWLETT PACKARD GmbH, in: Domsch, M.und Schneble, A. (Herausgeber), Mitarbeiterbefragungen, 2. Auflage, Heidelberg 1992, S. 95-107.

Bühner 2000: Bühner, R., Mitarbeiter mit Kennzahlen führen: der Quantensprung zu mehr Leistung, 4. Auflage, Landsberg 2000.

Camp 1994: Camp, R., Benchmarking, München; Wien 1994.

Curth/Lang 1990: Curth, M.-A. und Lang, B., Mangagement der Personalbeurteilung, München; Wien 1990.

Dahmen/Maier/Kamps 2000: Dahmen, C., Maier, G. und Kamps, I., „Zwölf Erfolgsfaktoren für die Balanced Scorecard", in: Personalwirtschaft , Heft 7/2000, S. 18-25.

DGfP 1996: DGfP (Hrsg.), Steigerung der Wettbewerbsfähigkeit durch das Personalmanagement: Benchmarking-Outsourcing-Sozial lernen, Köln 1996.

DGFP 2001: Deutsche Gesellschaft für Personalführung e.V. (Herausgeber), Personalcontrolling in der Praxis, Stuttgart 2001.

Domsch/Schneble 1992: Domsch, M. und Schneble, A., „Mitarbeiterbefragungen: Eine Leitlinie zum Projektmanagement", in: Domsch, M.und Schneble, A. (Herausgeber), Mitarbeiterbefragungen, 2. Auflage, Heidelberg 1992, S. 1-23.

Domsch/Siemers 1995: Domsch, M.-E. und Siemers S.-H.-A., „Mitarbeiterbefragungen", in: Freimuth, J. und Kiefer, B.-U. (Herausgeber), Geschäftsberichte von unten: Konzepte für Mitarbeiterbefragungen, Göttingen; Bern; Toronto; Seattle 1995, S. 39-72.

Fellenstein 1996: Fellenstein, D., Personalentwicklungscontrolling in Banken, Dissertation, Bern; Stuttgart; Wien 1996.

Fleschhut 1997: Fleschhut, P., „Beschleunigung von Unternehmensprozessen: Mit Benchmarking die notwendigen Organisations- und Personalfähigkeiten entwickeln", in: Kienbaum, J., Benchmarking Personal: von den Besten lernen, Stuttgart 1997, S. 147-157.

Fopp 1982: Fopp, L., „Mitarbeiter-Portfolio: Mehr als nur Gedankenspielerei", in: Personal, Heft 8/1982, S. 333-335.

Frantz/Frommen-Pleterski 2001: Frantz, A.und Frommen-Pleterski, K., „HR-Strategien mit der Balanced Scorecard umsetzen", in: Personalwirtschaft, Sonderheft 10/2001, S. 38-43.

Ganserer/Große-Peclum 1995: Ganserer, J. und Große-Peclum, K.-H., „Mitarbeitermeinungsumfrage als Bestandteil der Organisationsentwicklung", in: Freimuth, J. und Kiefer, B.-U. (Herausgeber), Geschäftsberichte von unten: Konzepte für Mitarbeiterbefragungen, Göttingen; Bern; Toronto; Seattle 1995, S. 95-123.

Helms 1995: Helms, K., Expertensystem-Entwicklung für Personalplanung und Personal-Controlling: dargestellt am Beispiel eines Industrieunternehmens, Dissertation, Hamburg 1995.

Hentze/Kammel 1993: Hentze, J. und Kammel, A., Personalcontrolling: Eine Einführung in Grundlagen, Aufgabenstellungen, Instrumente und Organisation des Controlling in der Personalwirtschaft, Bern; Stuttgart; Wien 1993.

Hentze/Kammel 1996: Hentze, J. und Kammel, A., „Personalcontrolling auf dem Prüfstand: Aufgabenbereiche, Konzept, kritische Analyse", in: Personalführung, Heft 4/1996, S. 294-299.

Hentze/Kammel 2001: Hentze, J. und Kammel, A., Personalwirtschaftslehre 1: Grundlagen, Personalbedarfsermittlung, -beschaffung, -entwicklung und -einsatz, 7. Auflage, Bern; Stuttgart; Wien 2001.

Hering/Zeiner 1992: Hering, E. und Zeiner, H., Controlling für alle Unternehmensbereiche: mit Fallbeispielen für den praktischen Einsatz, Stuttgart 1992.

Horváth 2001: Horváth, P., Controlling, 8.Auflage, München 2001.

Hoss 1989: Hoss, G., Personal-Controlling im industriellen Unternehmen, Krefeld 1989.

Hoyer 1991: Hoyer, S., Personalbezogene Informationen in Rechnungswesen und Controlling, Dissertation, Göttingen 1991.

Huber 1998: Huber, S., Strategisches Personalcontrolling als Unterstützungsfunktion des strategischen Personalmanagements, Dissertation, München; Mering 1998.

Immenroth 2000: Immenroth, T., Bildungscontrolling im Rahmen der Personalentwicklung: Begriffe-Ansätze-Ziele-Aufgaben-Instrumente-Funktionen-Modelle, Dissertation, Braunschweig 2000.

Kammel 1991: Kammel, A., Konzeptionelle Bausteine einer zielgerichteten Unterstützung der betrieblichen Personalwirtschaft des Personal-Controlling, Dissertation, Braunschweig 1991.

Kaplan/Norton 1997: Kaplan, R.-S. und Norton, D.-P. (Herausgeber), Balanced Scorecard: Strategien erfolgreich umsetzen, Stuttgart 1997.

Karlöf/Östblom 1994: Karlöf, B. und Östblom, S., Das Benchmarking Konzept: Wegweiser zur Spitzenleistung in Qualität und Produktivität, München 1994.

Kienbaum 1997: Kienbaum, J., Benchmarking Personal: von den Besten lernen, Stuttgart 1997.

Köder 1994: Köder, A., „Das Personalcontrolling-Konzept der Hewlett-Packard GmbH", in: Wunderer, R. und Schlagenhaufer, P. (Herausgeber), Personal-Controlling: Funktionen-Instrumente-Praxisbeispiele, Stuttgart 1994, S. 179-194.

Kohlmann 2000: Kohlmann, J., „Entwicklung des Personalcontrollings bei der Hewlett-Packard", in: Ackermann, K-F.(Herausgeber), Balanced Scorecard für Personalmanagement und Personalführung: Praxisansätze und Diskussion, Wiesbaden 2000, S. 123-135.

Kunz 2001: Kunz, G., Die Balanced Scorecard im Personalmanagement: Ein Leitfaden für Aufbau und Einführung, Frankfurt am Main; New York 2001.

Küster/Liebchen 1995: Küster, A. und Liebchen, R., Bildungscontrolling: Theoretische Grundlagen und praktische Umsetzungsmöglichkeiten am Beispiel der Mercedes-Benz AG, Werk Bremen, Dissertation, Bremen 1995.

Lentrodt 1997: Lentrodt, A., „Mitarbeiterzufriedenheit messen", in: Horváth & Partner (Herausgeber), Qualitätscontrolling: Ein Leitfaden zur betrieblichen Navigation auf dem Weg zum Total Quality Management, Stuttgart 1997, S. 247-271.

Littmann 1997: Littmann, W., „Benchmarking im Personalwesen: Wie kann man von den Besten lernen ?", in: Kienbaum, J., Benchmarking Personal: von den Besten lernen, Stuttgart 1997, S. 291-308.

Maurer 1996: Maurer, R., „Personalarbeit im weltweiten Vergleich: Wettbe-werbsorientierte Analyse eines Benchmarking-Prozesses", in: Personalführung, Heft 3/1996, S. 232-236.

Mentzel 1992: Mentzel, W., Unternehmenssicherung durch Personalentwick-lung: Mitarbeiter motivieren, fördern und weiterbilden, 5. Auflage, Freiburg im Breisgau 1992.

Metz 1995: Metz, F., Konzeptionelle Grundlagen, empirische Erhebungen und Ansätze zur Umsetzung des Personal-Controlling in die Praxis, Dissertation, Frankfurt a. M. 1995.

Mollet/Egger 1995: Mollet, G.-S. und Egger, P., „Das VW-Konzept", in: Per-sonalwirtschaft, Heft 10/1995, S. 18-20.

Mülder/Seibt 1994: Mülder, W. und Seibt, D. (Herausgeber), Methoden- und computergestützte Personalplanung, 2. Auflage, Köln 1994.

Olfert/Steinbuch 1990: Olfert, K. und Steinbuch, P.-A., Personalwirtschaft, 4. Auflage, Ludwigshafen (Rhein) 1990.

Papmehl 1999: Papmehl, A., Personal-Controlling: Human-Ressourcen effektiv entwickeln, 2. Auflage, Heidelberg 1999.

Patterson 1996: Patterson, J.-G., Grundlagen des Benchmarking: die Suche nach der besten Lösung, Wien 1996.

Peemöller 1992: Peemöller, V., Controlling: Grundlagen und Einsatzgebiete, 2. Auflage, Herne; Berlin 1992.

Pfeiffer/Metze/Schneider/Amler 1991: Pfeiffer, W., Metze, G., Schneider, W. und Amler, R., Technologie-Portfolio zum Management strategischer Zukunfts-geschäftsfelder, 6. Auflage, Göttingen 1991.

Pichert 1997: Pichert, P-H., „Voraussetzungen für wirksames Benchmarking", in: Kienbaum, J.(Hrsg.), Benchmarking Personal: von den Besten lernen, Stutt-gart 1997, S. 17-40.

Potthoff/Trescher 1986: Potthoff, E. u Trescher, K., Controlling in der Perso-nalwirtschaft, Berlin; New York 1986.

Preißler 2000: Preißler, P.-R., Controlling: Lehrbuch und Intensivkurs, 12. Auflage, München; Wien 2000.

Reichmann 2001: Reichmann, T., Controlling mit Kennzahlen und Manage-mentberichten: Grundlagen einer systemgestützten Controlling-Konzeption, 6. Auflage, München 2001.

Reupert/Wenisch 2000: Reupert, D. und Wenisch, S., „Die Balanced Scorecard als Steuerungsinstrument: Einführung einer Balanced Scorecard als Instrument im Rahmen einer werteorientierten Personalarbeit bei der Lufthansa Cargo AG", in: Personalführung, Heft 11/2000, S. 38-43.

Sauermann 2002: Sauermann, P., „Personalmotivierung", in: Bröckermann, R. und Pepels, W. (Herausgeber), Personalmarketing: Akquisition-Bindung-Freistellung, Stuttgart 2002, S. 116-128.

Schmeisser/Clermont/Protz 1999: Schmeisser, W., Clermont, A. und Protz, A.(Herausgeber), Personalinformationssysteme und Personalcontrolling: Auf dem Weg zum Personalkostenmanagement, Neuwied; Kriftel (Taunus) 1999.

Schmeisser/Paul 1999: Schmeisser, W. und Paul, D., „Benchmarking in der Personalwirtschaft", in: Personalwirtschaft, Heft 4/1999, S. 49-54.

Schmidt-Brücken 1996: Schmidt-Brücken, B., Benchmarking & Personal: Prozessoptimierung als Voraussetzung für Qualitätssteigerung in der betrieblichen Weiterbildung, Hamburg 1996.

Scholz/Scholz 1995: Scholz, C. und Scholz, M., „Mitarbeiterbefragungen: Mehr als nur einfach Meinungsumfragen", in: Personalführung, Heft 9/1995, S. 728-740.

Schulte 2002: Schulte, C., Personal-Controlling mit Kennzahlen, 2. Auflage, München 2002.

Seelig 1995: Seelig, D., „Benchmarking in der Personalwirtschaft: Eine Herausforderung zur Überprüfung überkommener Arbeitsstrukturen", in: Personalführung, Heft 1/1995, S. 52-59.

Süssenguth 1992: Süssenguth, E., „Erfahrungsbericht über Mitarbeiterbefragungen der BASF", in: Domsch, M. und Schneble, A. (Herausgeber), Mitarbeiterbefragungen, 2. Auflage, Heidelberg 1992, S. 25-32.

Tonnesen 2000: Tonnesen, C-T., „Die HR-Balanced Scorecard als Ansatz eines modernen Personalcontrolling", in: Ackermann, K-F.(Herausgeber), Balanced Scorecard für Personalmanagement und Personalführung: Praxisansätze und Diskussion, Wiesbaden 2000, S. 77-100.

Trost/Jöns/Bungard 1999: Trost, A.; Jöns, I. und Bungard, W., Mitarbeiterbefragung, Augsburg, 1999.

Watzka 1995: Watzka, K., „Controlling der Handhabung von Leistungsbeurteilungen: Ein Beispiel aus dem Werk Gaggenau der Mercedes-Benz AG", in: Gerpott, T.-J. und Siemers, S.-H.(Herausgeber), Controlling von Personalprogrammen, Stuttgart 1995, S. 175-209.

Wickel-Kirsch 1999: Wickel-Kirsch, S., „Harte Fakten durch Balanced Scorecard", in: Personalwirtschaft, Heft: 10/1999, S. 70-73.

Wimmer/Neuberger 1998: Wimmer, P. und Neuberger, O., Personalwesen 2: Personalplanung-Beschäftigungssysteme-Personalkosten-Personalcontrolling, Stuttgart 1998.

Witt 1991: Witt, F.-J., „Personalentwicklung mit Personalportfolios", in: Papmehl, A. und Walsh, I. (Herausgeber), Personalentwicklung im Wandel: Weiterbildungscontrolling, Coaching, Personalportfolio, Wiesbaden 1991, S. 240-251.

Wogersien 2001: Wogersien, A., „Die Dinge richtig tun - Die richtigen Dinge tun: Begrifflicher Ansatz: Effektivität, Effizienz, Zweckmäßigkeit, Ergebnisqualität", in: Controller Magazin, Heft 6/2001, S. 548-549.

Wöhe 1993: Wöhe, G., Einführung in die allgemeine Betriebswirtschaftslehre, 18. Auflage, München 1993.

Wunderer/Jaritz 1999: Wunderer, R. und Jaritz, A., Unternehmerisches Personalcontrolling: Evaluation der Wertschöpfung im Personalmanagement, Neuwied; Kriftel 1999.

Wunderer/Schlagenhaufer 1994: Wunderer, R. und Schlagenhaufer, P., Personal-Controlling: Funktionen-Instrumente-Fallbeispiele, Stuttgart 1994.

Ziegenbein 2002: Ziegenbein, K., Controlling, 7. Auflage, Ludwigshafen (Rhein) 2002.

Abbildungsverzeichnis

www.ingramcontent.com/pod-product-compliance
Lightning Source LLC
Chambersburg PA
CBHW020845210326
41598CB00019B/1973